군중심리

군중심리

초판 1쇄 발행
2023년 11월 20일

지은이	**옮긴이**	**펴낸이**	
귀스타브 르 봉	김수영	이종미	

펴낸곳	**전화**	**팩스**	**주소**
담푸스	031-919-8510(편집부)	070-4275-0875	경기도 파주시
	031-907-8512(주문 및 관리)		문예로 21, 3층

	홈페이지	**이메일**	**등록**
	http://dhampus.com	dhampus@dhampus.com	제395-2008-00024호

편집	**디자인**	**마케팅**	**경영지원**
강경희, 주혜란, 이병철	유어텍스트	김하경	김지선

ISBN 979-11-90024-45-7 (04300)

탑픽은 담푸스의 고전 시리즈 브랜드입니다.
탑픽이란 '주식의 여러 종목 가운데 엄선된 최고의 종목'을 말합니다.
고전 중 가장 양질의 도서만을 선보이고자 합니다.

사회심리학의 고전! 1895년 초판본 완역!

군중심리

귀스타브 르 봉 지음 | 김수영 옮김

Psychologie des Foules

들
어
가
며

앞서 발표한 책[『민족 발달의 심리적 법칙(Les lois psychologiques de l'evolution des peuples)』]에서 우리는 민족정신의 구조를 살펴보았다. 이번 책에서는 군중심리를 분석해보자.

개개인이 대대로 물려받은 공통된 특성은 자신이 속한 민족의 정신을 이룬다. 하지만 개인이 군중으로 결집해서 행동하는 양상을 살펴보면, 한데 모였다는 사실만으로 이들에게서 새로운 심리적 특성이 나타나는 것을 확인할 수 있다. 이 특성은 민족의 성향과 겹치기도 하지만 사뭇 다른 경우도 있다.

조직된 군중은 민족의 삶 안에서 항상 중요한 역할을 해왔다. 하지만 오늘날만큼 이 역할이 중요한 적은 없었다. 군중의 무의식적 행동이 개인의 의식적 활동을 대체하는 현상이 현시대를 규정짓는 주요한 특징 중 하나다.

나는 군중이라는 이 어려운 문제를 오로지 과학적 방법으로만 다루려고 한다. 여론이나 이론, 신조는 배제하고 하나의 방법론으로 접근하는 것이 특히 열띤 논란을 불러일으킬 법한 사안을 다룰 때 진실의 일부라도 찾을 수 있는 유일한 길이기 때문이다.

어떤 현상을 입증하려고 애쓰는 학자는 그 과정에서 부딪힐 수 있는 이해관계를 앞에 두고 공연한 걱정을 해서는 안 된다. 저명한 사상가인 고블레 달비엘라(Goblet d'Albiela, 1846~1925, 벨기에 정치인으로 자유당 의원을 지냈고 브뤼셀자유대학교에서 역사학 교수로 재직했다)는 최근에 출간한 자신의 저서에서 동시대의 어떤 학파에도 속하지 않은 내가 이따금 이들 학파에서 내놓은 결론과 다른 견해를 제시한다고 명시했다. 부디 이번 책도 마찬가지이길 바란다. 학파에 속하면 자연스럽게 그 학파의 선입관과 편견에 동조하게 된다.

일단, 내 연구에서 처음 예상했던 결론과는 다른 내용이 도출되는 이유가 무엇인지를 먼저 독자에게 설명해야 할 것 같다. 이를테면 엘리트 집단도 막론하고 군중의 정신이 지극히 하등하다는 점을 입증했는데도 그들 조직에 개입하기는 위험하다고 주장할 수밖에 없는 이유가 있다.

역사적 사실을 세심하게 살펴본 결과, 사회조직은 모든 생명체의 조직만큼이나 복잡해서 우리 힘으로는 절대로 여기에 급작스럽게 근본적인 변화를 일으킬 수 없다는 점을 깨달았다. 자연은 이따금 극단적으로 변하지만, 우리가 원하는 방향으로는 바뀌지 않는다. 그래서 이론에 비추어보면 매우 훌륭한 개혁이더라도, 그 개혁으로 모든 일을 해결해야 한다는 강박에 사로잡히면 해당 민족에게 해로운 영향을 미칠 수 있다. 개혁은 민족정신을 싹 바꿀 수 있을 때나 유용한 법이다. 하지만 그런 힘은 오직 시간에만 있다. 인간은 사상이나 감정, 관습 등 인간 내면에 쌓인 존재의 지배를 받는다. 제도와 법은 우리 정신의 발현이고 욕구의 표출이다. 즉, 정신에서 제도와 법이 생겨났기 때문에 그것들로는 정신을 바꿀 수 없다.

사회현상을 연구하는 일은 이 현상을 만들어낸 민족을 연구하는 작업과 분리할 수 없다. 철학적 관점에서 볼 때 사회현상은 하나의 절대적 가치를 얻을 수 있지만, 실질적으로는 상대적 가치만 지닌다.

따라서 하나의 사회현상을 연구할 때는 서로 다른 두 가지 측면을 차례로 살펴봐야 한다. 그러면 순수이성의 가르침이 실천이성의 가르침과 상반될 때가 가끔씩 있다는 걸 알게 된다. 이런 현상은 거의 모든 자료에서 찾아볼 수 있으며, 그게 설령 물리학 자료라고 해도 마찬가지다.

절대적 진리 차원에서 볼 때, 정육면체 또는 원은 엄격한 공식으로 정의되는 불변의 기하학 도형이다. 하지만 우리 눈에는 이 기하학 도형이 무척 다양한 형태로 비치기도 한다. 정육면체는 각도에 따라 피라미드나 정사각형으로, 원은 타원이나 직선으로 보일 수 있다. 그런데 이런 가상 형태를 탐구하는 작업이 실제 형태를 살펴보는 일보다 훨씬 중요하다. 가상 형태야말로 유일하게 우리가 볼 수 있고 사진과 그림으로 재현할 수 있기 때문이다. 때로는 비현실이 현실보다 더욱 진실에 가깝다.

사물을 기하학 형태로 정확하게 묘사하려다 보면 의도치 않게 사물의 성질을 왜곡하고 알아보지 못하게 만들 수 있다. 사람들이 사물을 만져보지 못하고 오직 복사본이나 사진으로만 볼 수 있는 세상이 있다고 가정해보자. 그들은 사물의 형태를 정확하게 헤아리는 데 큰 어려움을 겪을 것이다. 그 형태와 관련해 소수의 학자만이 보유한 지식은 사람들 대다수의 관심을 끌지 못한다.

사회현상을 연구하는 철학자는 사회현상에 이론적 가치 말고도 실질적 가치가 있으며, 문명의 진화라는 관점에서 볼 때 이 실질적 가치야말로 중요하다는 점을 기억해야 한다. 이 사실을 되새기는 철학자라면 법칙을 근거로 결론을 내리는 데 신중할 것이다.

철학자가 신중해야 하는 이유가 또 있다. 사회적 사실들은 매우 복잡하기 때문에 서로 주고받는 영향을 전체적으로 파악하고 예측하기가 불가능하다. 마치 눈에 보이는 사실 이면에 보이지 않는 원인이 수

천 가지 숨어 있는 것처럼 말이다.

마찬가지로 눈에 보이는 사회현상 역시 우리가 분석하려 해도 가늠을 수 없는 거대한 무의식이 작용한 결과일 수 있다. 우리는 이렇게 지각 가능한 현상을 파도에 비유할 수 있다. 파도는 바닷속 깊은 곳에서 일어나기에 우리로서는 헤아릴 수 없는 동요를 해수면에 드러낸다.

군중이 보이는 행동 대부분은 유난히 열등한 그들의 정신세계를 드러낸다. 하지만 어떤 행동을 할 때는 그들이 예전에는 운명, 자연, 섭리라고 불렀고 오늘날에는 죽은 자들의 목소리라고 일컫는 불가사의한 힘에 이끌려 움직이는 건가 싶기도 하다. 우리가 그 힘의 본질을 모른다고 해도 가벼이 보아넘길 수는 없다. 가끔은 민족 안에 그들을 이끄는 잠재된 힘이 있는 듯이 보이기도 한다.

이를테면 언어보다 더 복잡하고 논리적이고 경이로운 체계는 없을 것이다. 그렇다면 이토록 잘 조직되고 섬세한 언어는 어디에서 나왔을까? 당연히 군중의 무의식에 깔린 정신일 수밖에 없다. 가장 박식한 아카데미 회원, 가장 존경받는 문법학자들도 언어를 지배하는 법칙을 고통스럽게 기록할 뿐, 절대로 언어를 창조하지는 못한다. 위대한 인물들의 천재적인 사상도 오로지 그들만의 작품일까? 탁월한 사상은 언제나 은둔하는 고독한 영혼이 창조했음이 분명하다. 하지만 수많은 먼지 알갱이처럼 모여 이들 사상이 움틀 수 있는 토양을 쌓은 건 군중의 정신이 아닐까?

　군중은 늘 무의식적인데, 이 점이 아마도 그들이 지닌 힘의 비밀일
것이다. 자연에서 오로지 본능에만 충실한 존재들의 행동 양상도 우
리가 가늠하기에 놀라울 정도로 복잡하다.

　이렇게 보면 이성은 인류에게 낯선 것이며, 무의식의 법칙을 밝히
거나 무의식을 대체하기에는 너무 불완전하다. 실제로 우리의 모든
행동에서 무의식이 차지하는 비중은 엄청나지만, 이성은 미미하다.
하물며 여전히 무의식은 미지의 힘처럼 작용한다.

　우리가 막연한 추측과 근거 없는 가설 속에서 방황하지 않고 과학
으로 밝힐 수 있는 좁지만 확실한 경계 안에 머물려면 접근할 수 있는
현상을 입증하고, 이렇게 검증한 사실만을 다루어야 한다.

　하지만 정작 우리가 관찰을 통해 도출한 결론은 대부분 미숙하기
그지없다. 우리 눈에 잘 드러나는 현상 뒤에는 우리가 제대로 보지 못
하는 측면이 있고, 또 그뒤에는 우리가 아예 보지 못하는 측면이 있기
때문이다.

군중의 시대

문명이 전환하기에 앞서 로마제국이 몰락하고 아랍제국이 건립되는 등 격변이 잇따른 건 얼핏 민족대이동이나 왕조의 전복과 같은 정치적 변화 때문인 것으로 보인다. 하지만 이들 사건을 유심히 들여다보면 대부분 겉으로 드러나는 원인 이면에 민족사상의 근본적 변화라는 좀 더 실질적인 요인이 있다는 걸 알 수 있다.

역사에서 진정한 격변은 규모나 폭력성으로 우리를 놀라게 하는 사건이 아니다. 문명을 완전히 뒤바꿀 만큼 중대한 변화는 오직 사상과 개념, 신념에서 일어난다. 역사에 기억될 만한 사건들은 인간의 사고가 눈에 보이지 않게 변화하며 일궈낸 가시적 결과라고 할 수 있다. 이렇게 중대한 사건이 지극히 드문 이유는 인간이 조상에게 대대로 물려받은 사고의 토대가 그만큼 안정적이기 때문이다.

현시대도 인류가 사상이 변화하는 길목에 서 있는 중대한 시기라고 할 수 있다. 이 변화의 밑바탕에는 두 가지 핵심 요인이 있다. 첫째 요인은 우리 문명의 모든 요소를 싹 틔운 종교, 정치, 사회적 신념이 붕괴했다는 점이다. 둘째 요인은 현대 과학과 산업이 이뤄낸 발견으로 우리가 살아가고 생각하는 방식이 싹 달라졌다는 점이다.

절반쯤 파괴된 과거의 사상이 여전히 강력한 영향력을 발휘하는 가운데, 이를 대체해야 할 사상은 아직 형성되는 중이다. 즉, 현시대는 사상의 과도기인 셈이다.

당연히 혼란스러울 수밖에 없는 이런 시기에는 무엇이 나타날지 가늠하기 어렵다. 앞으로 변화해나가며 우리 사회의 근간이 될 사상은 과연 어떤 내용일까? 아직은 알 수 없지만, 확실한 점도 있다. 다가올 사회는 어떻게 조직되건 현시대에 마지막까지 통치자로 남을 새로운 세력을 고려해야 한다는 점이다. 바로 군중 세력이다. 오래전에는 정설로 여겨졌으나 이제는 소멸한 그 많은 사상의 잔해와 혁명이 차례대로 부숴버린 권력의 폐허 위에 이 군중 세력은 유일하게 우뚝 서 있으며, 곧 다른 권력을 모조리 흡수해버릴 듯이 보인다. 우리의 모든 신념이 흔들리거나 사라지고 우리 사회를 떠받치던 오래된 기둥이 하나둘씩 무너지는 와중에도 어떤 위협도 받지 않고 그 위세가 나날이 커져만 가는 존재는 오직 군중 세력뿐이다. 따라서 우리가 맞이할 세상은 진정한 군중의 시대일 것이다.

겨우 한 세기 전만 해도 사건을 일으키는 주요인은 각국의 정치 전통과 군주들의 대립, 이 두 가지였다. 군중의 의견은 거의 반영되지 않았고, 하물며 중요하게 여겨지지도 않았다. 이와 반대로 오늘날에는 정치 전통과 군주의 개인 성향은 중요하게 고려하지 않고 오히려 군중의 목소리가 지배적인 요인이 되었다. 군중이 왕의 품행을 지적하고 왕은 그들의 목소리를 들으려고 애쓴다. 이제 군주의 결심이 아닌 군중의 의향에 따라 국가의 숙명이 좌우되기 시작했다.

　　정치에 민중계급이 출현하는 현상, 즉 민중계급이 지배계급으로 탈바꿈하는 변화는 시대의 과도기에 나타나는 특징 중 하나다. 이렇게 민중계급이 출현할 수 있었던 데는 보통선거가 영향을 미쳤다고 흔히 생각하지만, 이는 사실이 아니다. 안일함에 빠져 있던 당시 집행부가 도입한 보통선거는 오랫동안 별다른 영향력을 발휘하지 못했다. 군중 세력은 어떤 사상이 전파되어 사람들 정신에 서서히 뿌리내린 다음, 이론에 따른 개념을 실제로 구현하기 위해 개인들이 결집하면서 더디게 형성된다. 군중은 바로 이렇게 결집함으로써 꼭 정당하지 않더라도 자신들의 이익에 들어맞는 사상을 받아들이고, 자신들의 힘을 인식하게 된다. 똘똘 뭉친 군중은 단체를 결성해서 모든 권력을 하나둘씩 무릎 꿇리거나 경제법칙을 거스르며 노동과 임금의 조건을 바꿔왔다. 또한 정부 의회에 대리인을 내세우기도 했는데, 민중 대표는 발의권과 독립성을 확보하지 못해 결국에는 본인을 선택한 위원회의 대변인 노릇을 할 뿐이었다.

오늘날 군중의 요구사항은 더욱 명백해지고 있다. 현 사회를 철저히 파괴해서 문명 이전에 모든 인간집단이 살던 방식인 원시공산사회로 되돌려놓겠다는 것이다. 군중은 노동시간을 제한하고, 광산과 철도, 공장, 토지를 공용징수하고, 모든 재화를 공평하게 나누고, 민중계급을 위해 모든 상위계급을 타도하라고 요구하고 있다.

군중은 이성적 사고에는 소질이 거의 없지만 행동력은 굉장히 뛰어나다. 단체를 조직하게 되면서 그 힘이 막강해졌다. 따라서 이제 갓 태어난 이념이 오래된 교리가 지닌 힘, 즉 논쟁의 여지가 없는 전제적인 최고 권한을 거머쥐게 될 듯 보인다. 말하자면, 군중의 신성한 권리가 왕의 신성한 권리를 대체하는 것이다.

부르주아 계급의 다소 편협한 사상, 다소 짧은 시야, 다소 피상적인 회의주의, 가끔은 다소 과도한 이기주의를 대변하며 부르주아 계급을 감싸온 작가들은 커져만 가는 새로운 군중 세력 앞에서 당황해한다. 그들은 이 영혼들의 타락을 막기 위해 예전에는 자신들이 그토록 멸시했던 교회의 도덕적 강제력에 절망적으로 호소한다. 이 작가들은 우리에게 과학의 실패를 이야기하며 로마에서 속죄하고 돌아와서는 신이 계시한 진리의 가르침을 떠올리게 한다. 하지만 이 신참 개종자들은 이미 때가 늦었다는 사실을 잊었다. 그들이 실제로 신의 은총을 받았다고 한들, 그들의 관심사에는 무관심한 군중의 영혼에 그 은총이 똑같은 영향을 주지는 않을 것이기 때문이다. 작가들도 갈구하지 않고 오히려 깨버리는 데 한몫한 신을 군중도 더는 원치 않는다. 인간은커녕 신도 강물이 수원지를 향해 거꾸로 흐르게 할 수는 없다.

과학은 결코 실패하지 않았다. 지식의 혼란 상태 안에 있지도 않고, 이 혼란의 한복판에서 커져만 가는 새로운 세력 안에 있지도 않다. 과학은 우리에게 진실 또는 적어도 우리 이해력으로 파악할 수 있는 관계에 대한 지식을 약속했을 뿐, 평화나 행복을 기약한 적은 단한 번도 없다. 우리 감정에는 철저히 무관심한 과학은 우리의 탄식을 듣지 않는다. 아무도 과학이 몰아낸 환상을 다시 불러올 수 없으므로, 우리가 과학과 함께 살기 위해 노력해야 한다.

유럽의 모든 국가에서 보편적으로 드러나는 징후를 살펴보면 군중 세력이 빠르게 증대하고 있음을 알 수 있거니와, 이 기세가 곧 멈추리라고 추정할 수도 없다. 군중 세력이 어떤 결과를 가져오건 우리는 받아들일 수밖에 없다. 물론 군중의 출현이 서구 문명의 마지막 단계 중하나인 어지러운 무질서로 완전히 회귀하는 것을 알리는 지표일 수 있다. 이 회귀는 새로운 사회보다 반드시 먼저 나타나는 것처럼 보인다. 하지만 어떻게 군중의 출현을 막을 수 있단 말인가?

지금까지 오래된 문명을 대거 파괴하는 데 가장 치명적인 역할을 한 주인공은 군중이었다. 사실 군중의 이런 역할이 세상에 드러난 건 오늘날만이 아니다. 역사를 돌아보면, 한 문명의 기초를 다진 도덕적 세력이 절대 권력을 잃는 순간, 제법 정당한 이유로 야만인이라 불렸던 지각없고 난폭한 군중이 나타나 문명의 붕괴라는 마지막 수순을 밟았다. 여태껏 문명은 결단코 군중이 아닌 특권계층의 지식인들이 세우고 이끌어왔다. 군중한테는 파괴하는 힘만 있을 뿐이다. 군중이 지배하면 야만과 미개의 시기를 의미할 따름이다. 문명은 정해진 규칙과 규율, 본능에서 이성으로 넘어가는 이행, 미래를 내다보는 선견지명, 높은 수준의 교양을 전제로 출발한다. 하지만 이런 전제는 군중이 결코 실행할 수 없는 조건이다. 군중은 유일하게 파괴의 힘만 지니고 있어, 쇠약한 육신이나 시체를 부패하게 만드는 세균처럼 활동한다. 문명이라는 구조물이 노후했을 때, 그것을 파괴하는 건 언제나 군중이다. 이제야 비로소 군중의 주된 역할이 드러나고, 아주 잠깐이지만 수(數)의 철학이 유일한 역사철학처럼 보인다.

우리 서구 문명도 마찬가지일까? 걱정되지만, 여전히 알 수 없다. 어쨌거나 우리는 군중이 군림하더라도 체념하고 받아들여야 한다. 선견지명이 없는 지배 세력이 군중을 견제할 만한 장벽을 차례로 무너뜨렸기 때문이다.

우리가 군중을 놓고 이야기를 시작했지만, 정작 군중에 대해 거의 알지 못한다. 군중과는 거리가 먼 전문 심리학자들도 여전히 군중에 대해 무지할뿐더러, 군중이 저지를 수도 있는 범죄의 관점에서만 군중을 다루었다. 분명 사악한 군중은 존재한다. 하지만 덕망 있는 군중과 영웅적인 군중을 포함해 다양한 유형의 군중이 있다. 군중이 저지르는 범죄는 그들 심리의 특수한 사례일 뿐이다. 개인의 악의만 묘사해서는 개인의 정신구조를 파악할 수 없듯이, 군중의 범죄만 연구해서는 군중의 정신구조를 헤아릴 수 없다.

하지만 사실대로 말하자면, 세상의 모든 지배자, 종교와 제국 창시자, 신앙의 전도자, 탁월한 정치인 그리고 좀 더 평범한 영역에 있는 단순한 인간 공동체 수장들은 언제나 군중심리를 본능적으로 간파한 무의식적 심리학자였다. 이들이 그토록 쉽게 지도자가 될 수 있었던 건 군중심리를 정확히 이해했기 때문이다. 나폴레옹은 자신이 군림하는 국가의 군중심리를 완벽하게 꿰뚫고 있었지만, 다른 민족의 군중심리에는 거의 무지했다.[1] 특히 스페인과 러시아하고 전쟁을 일으켜서 치명적인 타격을 입고 자신의 권력이 무너진 것도 이 때문이다.

오늘날 군중을 지배하기란 매우 어려워졌다. 그래서 군중심리를 밝히는 지식은 이제 군중을 지배하기 위해서라기보다는 군중의 도를 넘는 지배를 원치 않는 정치인에게 최후의 보루가 되었다.

군중심리를 깊이 파고들어야만 법과 제도가 군중에게 얼마나 효력을 발휘하지 못하는지 이해할 수 있다. 또한 군중에게는 강요된 의견 말고 다른 의견은 없으며, 순수이론의 공정성에 기초한 규칙이 아니라 군중을 자극하고 유혹하는 것만이 군중을 이끌 수 있다는 사실도 이해하게 된다. 예를 들어, 입법자가 새로운 세금을 징수하려고 할 때 이론에 따르면 가장 공정한 세금을 선택해야 할 것 같지만, 아니다. 가장 불공평한 세금이 군중에게는 실질적으로 최선의 세금이 될 수 있다. 이 세금이 가장 눈에 덜 띄고 겉보기에 가장 부담이 적을 때 군중은 선뜻 이 세금을 인정할 것이다.

그래서 간접세는 아무리 과도해도 늘 군중이 받아들인다. 매일 소비재에 상팀(옛 프랑스 화폐 단위인 프랑의 100분의 1에 해당한다 - 역주) 단위로 쪼개서 부과되는 이 간접세는 그들의 소비 습관을 방해하지도 그들을 자극하지도 않기 때문이다. 임금이나 다른 소득에 부과해서 한번에 납부해야 하는 비례세로 이 간접세를 대체하면, 이론적으로는 비례세 총액이 간접세의 10분의 1에 해당하더라도 군중은 일제히 격렬하게 항의할 것이다. 사실은 매일 조금씩 내는 소액을 한꺼번에 모아서 납부하기 때문에 상대적으로 많아 보일 뿐인데 말이다. 평소 조금씩 저축해두었더라면 총액이 부담스럽지 않겠지만, 군중은 이런 경제행위를 할 만한 선견지명이 없다.

이 내용은 가장 간단하면서도 적절한 예시다. 나폴레옹 같은 무의식적 심리학자는 군중의 이런 성향을 놓치지 않았다. 하지만 군중심리

---

1 나폴레옹의 가장 유능한 보좌관들도 나폴레옹보다 더 군중심리를 몰랐다. 특히 샤를 모리스 드 탈레랑(Charles Maurice de Talleyrand, 1754~1838)은 "스페인이 나폴레옹 군대를 해방군으로 환영할 것"이라고 장담했지만, 스페인은 나폴레옹 군대를 맹수처럼 노리고 있었다. 스페인 민족의 타고난 본능을 제대로 들여다본 심리학자라면 이런 대응을 예상했을 것이다.

를 모르는 입법자들은 이를 알아채지 못한다. 군중이 순수이성에 따라서만 행동하지 않는다는 사실을 충분히 경험하지 않았기 때문이다.

군중심리는 다른 분야에도 적용된다. 군중심리를 알면 이해할 수 없었던 수많은 역사와 경제현상을 명쾌하게 해석할 수 있다. 가장 뛰어난 현대 역사학자인 이폴리트 텐(Hyppolyte Adolphe Taine, 1828~93)이 이따금 대혁명의 사건들을 그토록 불완전하게 이해한 건 그가 단 한 번도 군중심리를 연구할 생각을 하지 않았기 때문인데, 이 점을 내가 입증할 때가 있을 것이다. 텐은 이 까다로운 시대를 연구하는 데 박물학자들의 기술적 방법을 길잡이로 삼았다. 하지만 박물학자들이 연구하는 현상에서 정신적 힘은 전혀 찾아볼 수 없다. 역사의 진정한 원동력을 구성하는 것은 바로 이 힘인데 말이다.

실용적인 측면만 고려하더라도 군중심리는 연구해볼 가치가 있다. 순수한 호기심에서라도 시도할 가치가 충분하다. 인간 행동의 동기를 더듬어가는 작업은 광물이나 식물 하나의 특성을 알아내는 일만큼이나 흥미롭다.

군중심리와 관련해 우리가 진행해온 연구는 그동안 조사한 내용을 간략하게 요약 및 정리한 정도라서, 시사적인 관점만을 제공할 터이다. 다른 학자들이 끈기 있게 이 작업을 이어주길 바란다. 우리는 오늘, 지금까지 아무도 손대지 않은 땅에서 흔적을 쫓기만 할 것이다.

차
례

1부

군중의 정신

2부

군중의 의견과 신념

Psychologie des foules

1부

군중의 정신

군중의 일반적 특징과
군중심리의 단일화 법칙

심리학적 관점에서 본 군중의 구성 - 다수의 개인이 모인다고 군중이 되는 것은 아니다 - 심리적 군중의 고유한 특성 - 군중을 구성하는 개인의 감정과 생각은 고정된 방향을 향하고 개성은 사라진다 - 군중은 항상 무의식의 지배를 받는다 - 지적 활동이 사라지고 무의식적 인격이 지배한다 - 이해력의 저하와 감정의 완전한 변화 - 변화된 감정은 군중을 구성하는 개인의 감정보다 좋을 수도 있고 나쁠 수도 있다 - 군중은 쉽게 범죄자가 되는 만큼 영웅이 되기도 한다

일반적으로 군중은 국적, 직업, 성별, 모인 동기와 상관없이 한자리에 집결한 다수의 사람을 의미한다.

하지만 심리학적 관점에서 보면 군중이란 단어에는 전혀 다른 의미가 있다. 여러 사람으로 구성된 하나의 집단은 특정한 상황에서, 그

리고 오직 이 특정한 상황에서만 집단을 형성하는 개인들과는 완전히 다른 새로운 성격을 띤다. 의식을 지닌 개인 각자의 인격은 소멸하고 모든 구성원의 감정과 사고가 하나의 방향으로 흐른다. 즉, 한시적이지만 매우 뚜렷한 특징을 나타내는 하나의 집단정신이 형성된다. 나는 더 나은 표현을 찾지 못해서 이 집단을 '조직된 군중' 혹은 더 널리 쓰이는 용어인 '심리적 군중'이라고 부른다. 이 군중은 독자적인 존재가 되어 '군중심리의 단일화 법칙'을 따른다.

단지 수많은 개인이 우연히 한 장소에 모였다고 해서 조직된 군중의 특성을 띠는 것은 아니다. 이 점은 명백하다. 심리학적 관점에서 보면 특정한 목적 없이 공공장소에 우연히 모인 천 명의 개인은 결코 군중이 될 수 없다. 이 집단이 특정한 성격을 띠려면 우리가 앞으로 알아볼 어떤 자극의 영향을 받아야 한다.

반드시 다수의 개인이 한 장소에 동시에 모여야만, 의식을 지닌 인격이 소멸하고 사고와 감정이 동시에 특정한 방향으로 흐르는 군중의 초기 특징이 나타나는 것은 아니다. 서로 떨어져 있는 수천 명의 개인도 국가적 중대 사건이 일어날 때처럼 격렬한 감정에 불타오르면 어느 순간 심리적 군중의 특성을 띨 수 있다. 단순한 계기만 있어도 이들의 행동은 군중에게서 발견할 수 있는 특성을 띨 수 있다는 말이다. 때로는 우연히 모인 백 명의 개인이 군중을 이루지 못하는가 하면, 대여섯 사람만으로도 군중이 형성되기도 한다. 또 한편으로는 한 민족 전체가 눈에 띄게 결집하지 않고도 특정 영향을 받아서 군중이 될 수 있다.

　일단 심리적 군중이 형성되면 일시적이지만 결정적인 일반적 특성을 획득한다. 이런 일반적 특성에 특수한 성질, 즉 군중을 구성하는 요소에 따라 달라지고 군중의 정신구조도 바꿀 수 있는 특성이 더해진다.

　그래서 심리적 군중은 다양하게 분류할 수 있다. 실제로 분류하다 보면 종파, 신분, 계급 등이 사뭇 다른 구성원들로 조직된 이질적 군중과 엇비슷한 구성원들로 조직된 동질적 군중 사이의 공통된 특성을 발견할 수 있다. 더불어, 각 군중을 구분하는 고유한 특성도 찾아낼 수 있다.

　그러나 군중의 다양한 유형을 알아보기 전에 군중의 모든 유형에서 나타나는 공통된 특성을 살펴보아야 한다. 다시 말해, 우리는 박물학자처럼 한 과에 속한 개체에 공통으로 나타나는 일반적 특성을 찾아낸 다음, 그 과에 포함된 속과 종을 구분 짓는 고유한 특성을 알아볼 것이다.

　군중의 정신을 정확히 묘사하기는 어렵다. 군중이라는 조직이 민족과 조직의 구성은 물론이고 조직을 파고드는 자극의 성격과 정도에 따라서도 달라지기 때문이다. 하지만 동일한 이유에서 개인을 심리학적으로 연구하는 일도 어렵기는 마찬가지다. 일관된 성격으로 평생을 살아가는 건 소설에나 있을 법한 일이다. 장소가 바뀌지 않아야 표면적으로는 성격도 변하지 않는다. 내가 다른 글에서 증명했듯이, 정신구조는 장소에 따라서 다른 특성을 드러낼 가능성을 안고 있다. 그래서 가장 가혹하게 굴었던 국민공회(프랑스 대혁명 초기인 1789년 6월 17일부터 7월 9일까지 삼부회의 대표자들이 구성한 혁명의회로, 최초의 근대적 의회-역주) 의원 중에도 평상시에는 선한 공중인 혹은 덕망 높은 행정관이 되어 남에게 해를 끼치지 않는 부르주아가 있었던 것이다. 폭풍이 지나가면 이들은 평화로운 부르주아라는 본연의 성격을 되찾았다. 나폴레옹도 이들 가운데서 가장 순종적인 종복을 찾았다.

여기에서 군중이 형성되는 모든 단계를 확인할 수 없으므로, 우리는 조직이 완성된 마지막 단계의 군중을 살펴보기로 하자. 요컨대, 군중이 평소 어떤가보다는 그들이 어떻게 변해가는지를 알아볼 것이다. 이렇게 진행된 국면에서만 새롭고 특별한 성질이 겹치고 감정과 사고가 동일한 방향으로 흐르는 양상이 나타나기 때문이다. 이때 가서야 비로소 내가 '군중심리의 단일화 법칙'이라고 부르는 원리가 작동한다.

군중심리의 특성 중에는 독립된 개인 사이에서 공통으로 나타날 수 있는 특성이 있는가 하면, 반드시 집단에서만 두드러지는 특성도 있다. 집단의 중요성을 입증하기 위해 이렇게 고유한 특성을 먼저 검토하겠다.

심리적 군중이 나타내는 가장 놀라운 사실은 다음과 같다. 군중을 구성하는 개인이 누구건, 그러니까 그들이 살아가는 인생의 모습이나 직업, 성격, 지식에 비슷한 점이 있건 없건 관계없이 이들은 군중이 되었다는 사실만으로 집단정신을 획득한다. 그래서 혼자일 때 생각하고 반응하던 것과는 다른 방식으로 느끼고 생각하고 반응하게 된다. 오직 군중을 형성한 개인한테만 나타나서 행동으로 이어지는 생각과 감정이 있다는 뜻이다. 심리적 군중은 이질적인 요소들이 잠깐 결합해서 형성된 일시적 존재다. 생명체를 구성하는 세포가 서로 결합하면서 각각의 세포가 지닌 특징과는 전혀 다른 성질을 나타내는 새로운 존재가 되는 것과 마찬가지다.

허버트 스펜서(Herbert Spencer, 1820~1903, 영국 빅토리아 시대의 철학자이자 사회학자로 진화론과 사회적 다원주의 분야에서 가장 중요한 인물) 같은 통찰력 있는 철학자의 의견과 달리, 군중이라는 집합체는 요소들의 총합도 평균만도 아니다. 군중 안에서 새로운 특징이 생성되고 결합한다. 화학에서 염기와 산이 서로 결합해서 새로운 특성을 지닌 하나의 단위체를 만들어내는 것과 같다.

개인이 군중 안에 있을 때와 홀로 있을 때 얼마나 다른지는 쉽게 확인할 수 있다. 하지만 그 차이의 원인을 찾기는 쉽지 않다.

그 원인을 어렴풋이나마 이해하려면 생태조건에서와 마찬가지로 지적 기능에서도 무의식이 지배적인 역할을 한다는 사실을 떠올려야 한다. 이 점은 현대 심리학을 통해 검증된 사실이다. 삶에서 의식은 무의식에 비해 극히 일부분을 차지할 뿐이다.

하지만 가장 치밀한 분석학자도, 가장 날카로운 관찰자도 자신을 지배하는 무의식의 동기를 아주 일부만 발견하는 데 그친다. 우리가 의식적으로 하는 행동은 유전적 영향으로 생긴 무의식의 기층에서 나온다. 이 기층에는 민족정신을 구성하는 무수히 많은 조상의 잔재가 들어 있다. 명확하게 밝혀진 우리 행동의 원인 뒤에는 분명 우리가 실토하지 않은 비밀스러운 원인이 있고, 이 비밀스러운 원인 뒤에는 우리가 알아차리지 못하는 훨씬 더 비밀스러운 원인이 있다. 다시 말해, 우리가 일상에서 하는 행동은 대부분 우리가 알지 못하는 숨은 동기의 결과다.

무의식의 요소로 민족정신이 구축되었기 때문에, 한 민족의 모든 개인은 서로 비슷비슷하다. 이들 사이에 차이가 나타나는 건 교육의 결실이자, 무엇보다도 뛰어난 유전자의 성과인 의식적 요소 때문이다. 지적 수준이 전혀 다른 사람들 간에도 본능과 열정, 감정이 굉장히 유사할 수 있다. 종교, 정치, 도덕, 애정, 반감 등 모든 동기에서, 가장 탁월한 사람이 가장 평범한 사람의 수준을 넘어서는 경우는 매우 드물다. 지능 측면에서 보면 위대한 수학자와 그의 구두를 짓는 직공 사이에 심연에 가까운 차이가 있을 수 있지만, 성격에서는 둘 사이에 차이가 없거나 있더라도 미미하다.

성격의 일반적 특성은 무의식의 통제를 받으며, 한 민족에 속한 정상적인 개인이라면 대부분 엇비슷하게 지니고 있다. 그래서 일반적 특성은 군중이 공유하는 재산이라 할 수 있다. 개인의 지적 능력, 그러니까 그들의 개성은 집단정신 안에서 사라진다. 이질성은 동질성에 자리를 내어주고 무의식과 얽힌 특성이 주도권을 잡는다.

일반적 특성을 공유한다는 사실은 왜 군중이 높은 수준의 지식을 요구하는 행동을 해내지 못하는지 설명해준다. 뛰어나지만 전문 분야가 서로 다른 사람들이 모여서 공익을 위해 내린 결정은 어리석은 사람들의 모임에서 내린 판단보다 더 탁월하지 않다. 뛰어난 사람들도 모두가 지닌 열등한 자질만을 공유하기 때문이다. 군중 안에 축적되는 것은 지성이 아닌 우둔함이다.

우리는 모두의 지성을 합쳐도 볼테르의 지성보다 빼어나지 않다고 수도 없이 말해왔다. 이 모두가 군중을 가리킨다고 보면 볼테르의 지성이 그들보다 월등한 것은 확실하다.

하지만 군중 안에 있는 개인이 각자 지닌 평범한 자질을 공유하는 데 만족한다면 중간 수준이라도 되어야 하지만, 그렇지 않다. 새로운 성격이 생긴다. 그렇다면 이 새로운 성격은 어떻게 생기게 될까? 지금부터 차근차근 알아보자.

홀로 있는 개인에게서는 드러나지 않고 군중에게서만 특별하게 나타나는 성격을 결정짓는 원인은 다양하다. 첫째로, 군중 안에 있는 개인은 다수라는 숫자만으로 혼자일 때는 억누를 수밖에 없었던 본능에 몸을 내맡겨도 되는 힘을 얻었다고 느끼기 때문이다. 익명이 보장되는 군중은 무책임하기 쉽고 개인을 구속하던 책임감도 완전히 사라지기에 군중 안에서 개인은 더욱이 본능을 억제할 필요가 없어진다.

두 번째 원인은 전염이다. 전염은 군중의 특수한 성격과 더불어 그들의 방향성이 드러나는 데 영향을 미친다. 전염은 쉽게 확인할 수 있지만 설명은 안 되는 현상이라서, 우리가 뒤에서 다룰 최면과 연관 지어 생각해야 한다. 군중 안에서 모든 감정과 행동은 쉽게 전염된다. 개인이 공동의 이익을 위해 개인의 이익을 가뿐히 희생할 정도로 전염성은 강하다. 그야말로 인간 본성을 거스르는 이런 희생은 개인이 오직 군중 안에 있을 때만 발휘되는 막강한 능력이다.

세 번째이자 가장 중요한 원인인 피암시성은 때때로 군중 속 개인에게서 홀로 있는 개인의 성격과는 사뭇 상반되는 특수한 성격을 끄집어낸다. 방금 언급한 전염도 피암시성의 결과다.

이 현상을 이해하려면 심리학이 최근 발견한 몇 가지 사실을 기억해야 한다. 우리는 한 개인이 이런저런 방법을 구사하는 조작자의 모든 암시에 복종해서 깨어 있는 인격은 물론 개성까지 완전히 상실한 채 자신의 성격과 습관하고는 영 다르게 행동할 수 있다는 걸 알게 되었다. 한편 군중을 주의 깊게 관찰한 결과, 동요하는 군중 속에 한동안 빠져 있던 개인은 군중이 내뿜는 악취처럼 알 수 없는 원인에 의해 현혹 상태에 놓인다는 사실도 알게 되었다. 마치 최면술사의 손아귀에서 최면에 걸린 사람처럼 말이다. 최면에 걸린 사람은 두뇌가 마비되기 때문에 최면술사가 자신의 척수를 마음대로 조종하는 동안 무의식의 노예가 된다. 깨어 있는 인격은 완전히 사라지고 의지와 분별력도 상실한다. 모든 감정과 사고는 최면술사가 결정한 방향으로 흐른다.

심리적 군중에 속하는 개인의 상태도 이와 유사하다. 최면에 걸린 사람처럼 한 능력이 사라지고 다른 능력이 극단적으로 두드러질 수 있다. 이 개인은 일종의 암시에 걸려서 어떤 행동을 완수하기 위해 저항할 수 없을 만큼 맹렬하게 몸을 던진다. 군중을 이루는 모든 개인은 똑같은 암시를 받기 때문에 상호작용을 일으키고 더욱 강력해진다. 그래서 군중 안에서 느끼는 맹렬함은 최면에 걸린 사람의 그것보다 훨씬 걷잡을 수 없다. 개성이 강해서 암시에 저항할 수 있을 만한 개인도 다수가 되면 흐름을 거스르기에는 한없이 나약해진다. 기껏해야 또 다른 암시로 군중의 관심을 돌리려고 시도할 수 있을 뿐이다. 적합한 표현과 적절한 이미지를 제시해서 군중이 이따금 피비린내 나는 행동에서 벗어나도록 한 사례도 있기는 하다.

요컨대 깨어 있는 인격이 소멸하고, 무의식이 득세하며, 암시와 전염을 통해 감정과 사상이 한 방향으로 흐르고, 암시받은 내용을 재깍 행동으로 옮기는 경향이 군중 속으로 뛰어든 개인의 주요 특징이다. 이 개인은 더 이상 자기 자신이 아니며, 자신의 의지대로 행동할 수 없는 꼭두각시다.

나아가, 개인은 조직된 군중에 속한다는 사실만으로 문명의 계단에서 여러 단계 내려간다. 혼자였다면 교양인이었을 개인도 군중이 되면 야만인, 즉 본능에 따라 행동하는 사람이 된다. 군중 속 개인은 제멋대로고 난폭하며 잔인할뿐더러, 원시인처럼 맹목적이거나 영웅처럼 행동하기도 한다.

이것이 배심원단이 배심원 개개인이라면 반대했을 판결을 내리고, 특히 의회가 의회 구성원 개개인이라면 거부했을 법안이나 조치를 채택하는 모습을 가끔 목격하게 되는 이유다. 프랑스 대혁명 당시 국민공회 사람들도 제각기 떼어놓고 보면 온화하고 교양 있는 부르주아였다. 그런데 군중으로 결집하면 가장 가혹한 법안을 가결하고 가장 명백하게 무고한 개인을 단두대로 보내는 일도 서슴지 않았다. 그런가 하면 자신들의 모든 이익을 거스르면서까지 면책특권을 포기하고 스스로 괴멸하기도 했다. 또한 독립된 개인이었다면 반응하지 않았을 말과 이미지에 쉽사리 자극받고, 자신의 가장 명백한 이익을 해치며 오래된 관습에 어긋나는 행동을 일삼는 원시인과 닮아갔다. 군중 속 개인은 바람에 이리저리 흩날리는 모래밭의 한 알갱이와 같다.

군중 속 개인과 본인의 원래 모습이 다른 점은 이뿐만이 아니다. 모든 독립성을 잃기도 전에 개인의 사상과 감정은 바뀌었는데, 이런 현상은 구두쇠를 탕아로, 회의주의자를 신자로, 정직한 사람을 범죄자로, 비겁한 자를 영웅으로 만들 만큼 근본적인 변화였다. 저 유명한 1789년 8월 4일 밤, 환희의 순간에 귀족이 특권을 포기하겠다고 선언한 행동은 회원들 개개인이 홀로 있었다면 절대로 받아들이지 않았을 결정이다.

앞서 살펴보았다시피, 군중은 홀로 있는 개인보다 항상 지적으로 열등하지만, 감정과 여기서 시작된 행동을 놓고 보면 상황에 따라서 최선도 최악도 될 수 있다고 결론 내릴 수 있다. 모든 것은 군중이 어떤 암시를 받느냐에 달렸다. 바로 이 점이 군중을 범죄의 관점에서만 연구한 심리학자들이 전혀 깨닫지 못한 부분이다. 분명 군중은 이따금 죄를 저지른다. 하지만 그만큼 영웅다운 면모를 보이기도 한다.

신앙이나 사상의 승리를 위해 스스로 목숨을 바치고, 영광과 명예에 열광하고, 이교도를 신의 무덤으로 떨어트리기 위해 십자군전쟁에 뛰어들고, 1793년처럼 조국 프랑스를 지키려고 빵과 무기도 없이 싸운 주인공은 이 영웅다운 군중이었다. 미처 자신도 모르게 나온 영웅주의가 분명하지만, 바로 이 영웅주의가 역사를 만들었다. 냉정하리만치 이성적인 위대한 행동만을 민족의 공적으로 돌려야 했다면 세계 역사에 기록된 공로는 아주 드물었을 것이다.

O2

군중의 감정과 도덕성

지금까지 군중의 주요 성격을 간략하게 알아보았다. 이제 좀 더 구체적으로 살펴보자.

군중의 특수한 성격에는 충동성, 과민함, 추론의 어려움, 판단과 비판정신의 부재, 과장된 감정 등이 있고, 그밖에도 열등한 진화 형태인 여성과 원시인, 어린이한테서도 관찰할 수 있는 특성이 있다. 이런 특성을 증명하는 작업은 이 책의 범주를 벗어나는 일이기에 언급만 하고 넘어가겠다. 원시인의 심리를 아는 사람에게는 소용이 없고, 그렇지 않은 사람에게는 설득력이 떨어지기 때문이다.

지금부터 대부분의 군중에게서 관찰되는 다양한 성격을 하나씩 살펴보자.

1. 군중의 충동성, 변덕스러움, 과민함

우리가 군중의 기본 성격을 연구하면서 이미 언급했듯이, 군중은 거의 절대적으로 무의식에 따라 움직인다. 이들의 행동은 두뇌보다는 척수의 지배를 받는다. 이 점에서 군중은 원시인과 유사하다. 이들의 행동은 실행 측면에서 보면 완벽할 수 있다. 하지만 이들을 이끄는 건 두뇌가 아니다. 이들은 우연한 자극에 따라 움직인다.

군중은 모든 외부 자극에 휘둘리고, 자극이 끊임없이 변화하는 양상을 드러내 보인다. 그래서 군중은 자신들이 사로잡힌 충동의 노예라고 할 수 있다. 홀로 있는 개인도 군중 속 개인이 받는 자극과 똑같은 자극을 받을 수 있다. 하지만 그의 두뇌가 자극에 굴복했을 때 일어날 위험을 알려주기 때문에 그는 자극에 물들지 않는다. 이런 차이를 생리학적으로 표현하면 홀로 있는 개인은 반사작용을 조절할 수 있지만 군중은 그럴 능력이 없다고 할 수 있다.

군중이 따르는 다양한 충동은 자극의 종류에 따라 관대하거나 잔인할 수도 있고, 영웅답거나 소심할 수도 있다. 하지만 군중의 충동은 굉장히 압도적이어서, 개인의 이해관계나 자기 보존 생각이 힘을 발휘하지 못한다. 군중에게 영향을 미칠 수 있는 자극이 매우 다양해서, 자극에 복종하는 군중도 몹시 변덕스럽다. 때문에 군중은 살벌하고 잔혹한 모습을 보이다가도 관대하고 절대적인 영웅의 모습으로 돌변

한다. 군중은 서슴지 않고 사형집행인이 되지만, 그만큼 선뜻 순교자가 되기도 한다. 신앙이나 승리가 요구하는 엄청난 피는 군중의 가슴에서 흘러나왔다. 그렇다고 군중이 무엇을 할 수 있는지 알아보기 위해 영웅시대까지 거슬러 올라갈 필요는 없다. 군중은 절대로 폭동을 일으키면서 자신의 목숨을 놓고 흥정하지 않는다. 그래서 바로 몇 년 전에 갑자기 유명해진 한 장군도 그가 요청하기만 했더라면 그의 대의를 위해 기꺼이 목숨을 내놓을 10만 명을 거뜬히 모을 수도 있었다.

즉, 군중에게서 예측할 수 있는 건 아무것도 없다. 군중은 가장 상반된 감정의 단계를 차례로 겪을 수 있지만, 언제나 그 순간에 다가오는 자극의 지배를 받는다. 군중은 폭풍우 칠 때 이리저리 흩날리다가 시간이 지나면 그대로 떨어져버리는 나뭇잎과 같다. 나중에 혁명 군중을 살펴보면서 그들의 감정이 얼마나 변덕스러운지 보여주는 사례를 들겠다.

군중이 이렇게 변덕스럽기에, 그들을 지배하기가 몹시 어렵다. 특히 공권력의 일부가 군중 손에 들어가면 더욱 그렇다. 일상생활의 급선무가 눈에 보이지 않는 조절장치 역할을 하지 못하면 민주주의는 결코 지속하지 못할 것이다. 군중이 무언가를 열광적으로 원해도 그 바람은 그렇게 오래가지 않는다. 생각을 끌고 나가지 못하는 것처럼 의지도 오래 이어가지 못한다.

군중이 충동적이거나 변덕스럽기만 한 것은 아니다. 군중은 야만인처럼 자신들의 욕망과 그것의 실현 사이에 무언가가 개입할 수 있다는 사실을 인정하지 않는다. 자신들이 다수라는 사실만으로 막강한 힘을 거머쥐었다고 느끼기에 더욱 이해하지 못한다. 개인이 군중 안에 있으면 불가능이란 개념은 사라진다. 홀로 있는 개인은 저 혼자서는 왕궁에 불을 지르거나 상점을 약탈하지 못한다는 걸 알기에 유혹이 찾아와도 냉큼 떨쳐버린다. 하지만 군중 속 개인은 다수라는 숫자가 자신에게 쥐어준 힘을 의식하기에, 누군가 그에게 살인이나 약탈을 암시하기만 해도 즉각 유혹에 넘어갈 것이다. 예상치 못한 장애물도 그의 열정을 만나면 부서질 것이다. 인체가 분노한 상태를 영원히 견딜 수 있다면, 그 상태가 욕망에 억눌린 군중의 정상적인 모습이라고 할 수 있다.

군중의 과민함과 충동성, 변덕을 포함해서 우리가 앞으로 연구할 군중의 모든 정서에는 민족의 기본 특성이 개입한다. 이 기본 특성은 우리의 모든 감정이 움트는 불변의 땅이다. 모든 군중은 언제나 쉽게 흥분하고 충동적이지만, 그 정도가 무척 다양하다. 이를테면 라틴계 군중과 앵글로색슨계 군중은 놀라우리만치 차이가 크다. 프랑스 역사에서 최근 있었던 사건이 이 차이를 명확하게 보여준다. 프랑스 군중은 1870년 자국 대사에게 보내온 것으로 추정되는 모욕적인 전보 하나 때문에 프로이센을 향해 분노를 폭발했고, 결국 끔찍한 전쟁(1870년부터 이듬해까지 프로이센과 프랑스 사이에 벌어진 보불전쟁 - 역주)까지 치렀다. 몇 년 후에 프랑스군이 베트남 랑선의 작은 전투에서 패배했다는 전보가 발표되자 또다시 분노가 폭발했고, 정부가 순식간에 전복되고 말았다. 반면, 같은 시기에 영국군은 수단의 하르툼 원정에서 더 심각하게 패배했지만, 영국 군중은 거의 동요하지 않았고 내각이 전복되는 일도 없었다. 모든 군중은 여성스런 특성을 띠지만, 라틴계 군중은 그중에서도 가장 여성스럽다. 라틴계 군중에게 의지하는 사람은 재빠르게 높은 자리까지 올라가겠지만, 늘 타르페아 절벽(로마 카피톨리노 언덕에 있는 수직 절벽으로, 고대 로마의 공화정 시기에 사형을 선고받은 반역자나 살인자를 절벽 아래로 떨어뜨려서 사형을 집행하던 장소 - 역주) 가장자리를 걷는 셈이어서, 언젠가는 절벽 아래로 추락할 수 있다는 걸 각오해야 한다.

2. 군중의 피암시성과 맹신

우리는 앞서 군중을 정의할 때 그들의 일반적 특징 중 하나가 바로 과도한 피암시성이며, 모든 인간 무리가 이 암시에 전염된다는 사실도 밝혔다. 바로 이 점이 군중의 감정이 정해진 방향으로 순식간에 몰리는 이유이기도 하다.

군중이 중립적이라고 가정해도, 대개 군중은 무언가를 기다리는 상태이기 때문에 무척 쉽게 암시에 걸린다. 돌발적으로 던져진 첫 번째 암시는 전염되어 즉각 모든 뇌리에 똬리를 틀고, 곧바로 하나의 방향이 설정된다. 암시를 받은 모든 존재가 그렇듯, 두뇌에 침입한 생각은 행동으로 이어지는 경향이 있다. 그래서 왕궁에 불을 지르는 행동이건 자신을 희생하는 행동이건 군중은 똑같이 여기고 참여한다. 모든 것이 자극의 성격에 달렸다. 홀로 있는 개인이 암시를 받고 하는 행동과 그 행동을 실천하지 못하도록 가로막는 이성 사이의 관계는 여기에 더 영향을 미치지 못한다.

따라서 무의식의 경계에서 방황하고, 모든 암시를 나약하게 따르고, 이성에 호소할 수 없는 상태가 되어 격렬한 감정에 휩쓸리며, 비판정신을 모조리 상실한 군중은 모든 것을 철저히 맹신하는 존재가 될 수밖에 없다. 군중에게 일어나지 않을 일은 없다. 이런 특징을 이해해야만 가장 있을 법하지 않은 이야기와 신화가 그토록 널리 창작되고 퍼지는 이유를 헤아릴 수 있다.[2]

군중 안에서 그토록 샅샅이 퍼지는 전설은 군중이 푹 빠져 맹신할 때만 창작되는 건 아니다. 결집한 사람들이 상상력을 발휘해 사건을 대폭 왜곡하면서 전설이 만들어지기도 한다. 군중이 목격하면 지극

---

2 보불전쟁 당시 프로이센에 파리를 함락당했던 사람들은 이처럼 군중이 기괴한 일을 맹신하는 사례를 수도 없이 보았다. 조금만 생각해보면 건물의 높은 층에 밝혀놓은 촛불이 수십 킬로미터 떨어진 곳에서는 보이지 않는다는 게 확실한데도, 군중은 이 촛불을 프로이센군에 보내는 신호라고 단정했다.

히 단순한 사건도 왜곡된다. 군중은 이미지로 생각하고, 연상된 이미지는 그 자체로 원래 이미지와는 아무런 논리적 연결고리가 없는 일련의 이미지를 떠올리게 한다. 우리가 대수롭지 않은 사건을 떠올렸는데 잇따라서 일련의 생각이 떠오르던 경험을 생각해보면 쉽게 이해할 수 있을 것이다. 이성에 비추어 우리는 여러 이미지 사이에 일관성이 없다는 걸 알지만, 군중은 절대 일관성을 따지지 않는다. 또한 군중은 상상력이 왜곡해서 실제 사건에 덧붙인 내용을 실제 사건으로 혼동한다. 군중은 주관적인 것과 객관적인 것을 아예 구분하지 않는다. 군중은 머릿속에 연상된 이미지를 사실로 받아들이지만, 이미지는 실제로 관찰한 사실과는 공통점이 거의 없다.

군중을 이루는 개개인의 기질이 천차만별이기에, 군중이 직접 목격한 사건을 무척 다양한 방법으로 왜곡하리라 생각할 수도 있다. 하지만 전혀 그렇지 않다. 일단 군중 안에서 전염이 일어나면 모든 개인이 만들어내는 왜곡은 같은 성격을 띠고 같은 방향으로 흐른다. 집단 구성원 한 명이 왜곡해서 인지한 내용은 전염성이 강한 암시의 시작점이 된다. 성 게오르기우스도 예루살렘의 벽 위에서 모든 십자군 병사 앞에 나타나기 전에 실제로는 병사들 가운데 한 명에게만 인지되었을 것이 분명하다. 단 한 명이 본 기적을 암시와 전염을 통해 모두가 받아들인 것이다.

이 과정이 바로 역사에 그토록 빈번하게 나타난 공동환각의 메커니즘이다. 수많은 사람이 목격한 현상이기에 공동환각도 진실이 지닌 전통적 특성을 갖추었다고 할 수 있다.

이 메커니즘을 반박하려고 군중을 이루는 개개인의 정신적 특성까지 끼워 넣을 필요는 없다. 정신적 자질은 전혀 중요하지 않다. 개개인이 군중을 형성하면 무지한 사람이건 박식한 사람이건 모두가 관찰하는 능력을 잃기 때문이다.

이 주장은 얼핏 앞뒤가 안 맞는 듯 들릴 수 있다. 이를 철저히 논증하려면 수많은 과거사를 다시 들여다보아야 하므로 책 몇 권으로는 어림도 없을 터이다.

하지만 독자에게 근거 없는 주장을 제시한다는 인상을 심어주고 싶지 않기에, 우리가 인용할 수 있는 내용 중 무작위로 선택한 몇 가지를 예로 들어보겠다.

다음 이야기는 가장 무식한 사람부터 가장 교양 있는 사람까지 모든 부류의 개인들로 구성된 집단이 빠질 수 있는 공동환각의 전형적인 사례다. 해군 대위 줄리앙 펠릭스가 해류를 다룬 자신의 저서에서 언급한 일화로, 이전에 과학잡지 《르뷔 시앙티피크(Revue Scientifique)》에도 수록되었다.

프리깃함 벨풀호는 사나운 폭풍우를 만나서 흩어진 순양함 르베르소호를 찾기 위해 항해하고 있었다. 햇볕이 내리쬐는 한낮이었다. 갑자기 경비병이 난파된 소형선을 발견했다고 신호를 보냈다. 선원들의 시선은 경비병이 가리키는 지점으로 일제히 쏠렸다. 장교와 병사를 비롯한 모든 선원은 조난신호 깃발이 나부끼는 소형 보트에 이끌려오는 뗏목을 분명히 보았다. 뗏목에는 사람들이 타고 있었다. 하지만 그 형상은 공동환각일 뿐이었다. 데포세 함장은 구명정을 띄워서 조난된 병사들을 구출하라고 명령했다. 구명정을 타고 뗏목에 접근하던 병사와 장교들은 "도와 달라고 손을 내밀며 흔드는 병사 무리를 보았고, 혼란스럽고 둔탁하게 들리는 수많은 목소리를 들었다." 그러나 구명정이 도착했을 때 그들이 발견한 것은 인근 해안에서 뽑혀 나온 잎사귀 무성한 나뭇가지 몇 개였다. 너무도 명백한 증거 앞에서 환각은 사라졌다.

이 사례는 공동환각의 메커니즘이 어떻게 작동하는지 명확하게 보여준다. 무언가를 잔뜩 기대하며 기다리는 군중에게 경비병이 바다에 떠 있는 파손된 선박을 보았다고 암시를 주면 어떻게 될까? 이 암시는 장교와 병사를 포함한 모든 목격자에게 전염된다.

군중이 많은 수를 이루어야만 눈앞에서 일어난 일을 정확히 바라보는 능력이 소멸하고 어떤 사실이 아무런 연관성도 없는 환영으로 대체되는 것은 아니다. 단 몇 명의 개인만 모여도 즉시 군중을 형성할 수 있다. 그들이 아무리 뛰어난 학자라고 해도 자신들의 전문 분야를 벗어나면 군중의 특성을 띤다. 각자에게 있던 관찰력과 비판정신은 금방 사라진다. 독창적인 심리학자인 데이비가 최근『심리학 연보(Annales des Sciences psychique)』에 발표한 무척 흥미로운 사례는 이 책에서 상세하게 다루어볼 가치가 있다. 데이비는 영국에서 가장 저명한 박물학자인 앨프리드 러셀 월리스(Alfred Russel Wallace, 1823~1913)를 포함해 뛰어난 관찰자들을 한자리에 불러 모았다. 그들에게 사물을 자유롭게 관찰하고 원하는 곳에 봉인하게 한 다음, 영혼을 불러 석판에 글씨를 쓰게 하는 등 영매가 보여주는 모든 전통적인 현상을 시현했다. 그리고 관찰자들에게 지금까지 목격한 광경은 초자연적인 방법으로만 가능한 현상임을 확인한다고 서면으로 증언하게 한 후, 그들에게 이 현상이 아주 간단한 속임수였다고 밝혔다.

이를 두고 한 저자는 이렇게 말했다. "데이비의 연구에서 놀라운 점은 속임수 자체가 아니다. 세심한 관찰력을 지닌 목격자들의 서면 증언이 허술하기 짝이 없다는 사실이다. 목격자들은 완전히 틀린 수많은 이야기를 확실하다고 주장했는데, 설령 묘사 자체가 정확했더라도 그런 묘사로는 현상이 속임수였음을 밝힐 수 없었다. 데이비가 고안한 방법이 너무 단순해서, 대담하게 그 방법을 썼다는 사실이 놀라울 따름이다. 하지만 그는 보지 않은 것을 보았다고 믿게 할 만큼 강력한 영향력을 군중의 정신에 미쳤다." 여기서 가리키는 영향력은 최면술사가 최면에 걸린 사람에게 발휘하는 영향력과 별반 다르지 않다. 이런 영향력이 초기에는 의심을 샀을지언정 그래도 지성이 뛰어난 사람들에게 작용한 것을 보면 평범한 군중을 현혹하기가 얼마나 쉬울지 가늠할 수 있다.

이와 비슷한 예는 수도 없이 많다. 이 글을 써 내려가는 이 순간에 신문은 센강에서 익사한 채로 발견된 두 소녀의 이야기로 도배되어 있다. 십여 명의 목격자가 익사한 아이들이 누구인지 명확하게 신원을 확인했다.

모든 증언이 딱딱 맞아떨어져서 예심판사의 머리에는 아무런 의심도 남아 있지 않았다. 그래서 예심판사는 사망진단서를 작성하라고 지시했다. 그런데 우연한 계기로 희생자라고 추정되던 아이들이 버젓이 살아 있는 데다 익사한 두 소녀와는 닮은 점이 거의 없다는 사실이 밝혀졌다. 앞의 여러 예시와 마찬가지로, 환영의 희생자라고 할 수 있는 첫 목격자의 증언이 다른 사람들에게 암시를 준 셈이다.

이와 유사하게, 암시는 언제나 한 개인이 다소 모호하고 어렴풋한 기억으로 착각을 만들어내고 이 착각이 증언을 통해 전염되면서 시작된다. 첫 관찰자가 굉장히 감수성이 예민한 사람이라면 그가 신원을 확인했다고 믿은 시체에서 실제로 닮은 점이 아니라 다른 사람을 떠올리게 하는 상처나 옷차림 등 몇 가지 특징만 보고 착각했을 가능성이 충분하다. 이렇게 떠오른 착각은 지적 능력을 침범하고 모든 비판

정신을 마비시키는 구체화 작용의 시작점이 될 수 있다. 그러면 관찰자는 사물 자체가 아닌 머릿속에 떠오른 이미지를 보게 된다. 이런 현상을 들어서, 친어머니가 자식의 시신을 알아보지 못한 다음 사례도 설명할 수 있다. 오래전에 일어났지만 최근 신문에서 다시 다루고 있는 사건으로, 내가 앞서 메커니즘을 설명한 두 종류의 암시가 잘 드러난다.

"다른 아이가 그 아이를 알아보았지만 착각한 것이었다. 그래서 부정확한 신원 확인이 잇따라 시작되었다.

그런데 정말 놀라운 일이 일어났다. 한 학생이 아이의 신원을 확인한 다음 날, 한 여인이 "맙소사, 그 아이는 내 아이예요!" 하고 소리친 것이다.

사람들은 여인을 시신이 있는 곳으로 데려갔고, 여인은 아이의 옷가지를 살펴보고 이마의 상처도 확인했다. "지난 7월에 잃어버린 내 아들이 맞아요. 누군가 유괴해서 살해한 게 분명해요!"

여인은 이름이 샤방드레였고, 푸르가에서 건물 관리인으로 일하고 있었다. 경찰이 데려온 여인의 형부 역시 한 치의 망설임도 없이 말했다. "우리 필리베르가 맞아요." 푸르가에 사는 주민 몇 명도 라빌레트에서 발견된 아이의 시신이 필리베르 샤방드레가 맞다고 확인했고,

필리베르를 가르친 학교 교사는 메달이 증거라고까지 말했다.

그런데 이웃들도, 형부도, 학교 교사도, 친어머니도 착각한 것이었다. 6주 후 아이의 신원이 밝혀졌기 때문이다. 아이는 보르도에 살았고 그곳에서 살해되어 철도 화물로 파리까지 옮겨졌다고 한다."[3]

우리는 여기서 신원 확인을 주로 여성과 아이들, 정확히 말하면 가장 감수성이 예민한 사람들이 했다는 사실을 눈여겨볼 필요가 있다. 또한 증언이 법정에서 판결에 영향을 미칠 수 있다는 사실도 알아야한다. 특히 어린아이의 증언은 절대로 원용해서는 안 될 것이다. 판사들은 그 나이의 아이들이 거짓말 할 줄 모른다고 고리타분한 말만 반복한다. 하지만 심리학적 교양을 조금이라도 쌓은 사람이라면 어린아이들이 오히려 늘 거짓말을 한다는 사실을 알 것이다. 아이들의 거짓말이 순수하더라도, 거짓말은 거짓말이다. 그동안 우리는 수도 없이 어린아이들의 증언을 듣고 피고인의 유죄 여부를 결정해왔지만, 그보다는 동전 던지기가 나을 것이다.

군중의 관찰 이야기로 돌아와서, 우리는 군중의 관찰이 가장 잘못된 형태일 수 있으며 한 개인의 단순한 착각이 전염을 통해 다른 사람

---

3 일간지 《에클레르(Éclair)》 1895년 4월 21일자.

들에게 암시를 던진 결과라고 결론 내릴 수 있다. 군중의 증언은 철저하게 따져야 한다는 사실을 증명하는 사건은 셀 수 없이 많다. 스당전투(1870년 보불전쟁 중 프랑스가 참패하고 황제 나폴레옹 3세가 포로로 잡혀서 프랑스 제2제정의 몰락을 초래한 전투 - 역주) 당시 수천 명이 이 유명한 기병대 공격을 목격했지만, 증언이 서로 엇갈려서 누가 공격을 지휘했는지 아직도 밝혀지지 않고 있다. 또한 영국의 울슬리(Garnet Wolseley, 1833~1913, 19세기 영국 제국주의를 대표하는 장군)는 최근 펴낸 자신의 저서에서 수백 명이 증언했는데도 워털루전투와 관련된 여러 중요한 사실에 오류가 있음을 증명했다.[4]

이들 사례를 통해 군중의 증언이 어떤 가치를 지니는지 알 수 있다. 논리학 개론에는 다수의 증언이 모두 일치하면 어떤 사실의 정확성을 증명하는 데 원용할 수 있는 가장 견고한 증거가 된다는 내용이 있다. 하지만 우리가 군중심리에서 살펴보았듯이, 논리학 개론의 이

---

4 단 한 차례의 전투라도 정확하게 어떻게 전개되었는지 우리가 알 수 있을까? 나는 거의 불가능하다고 생각한다. 우리가 알 수 있는 건 누가 승리하고 패배했다는 사실뿐이다. 솔페리노전투(제2차 이탈리아 독립전쟁 당시 이탈리아 북부 솔페리노에서 사르데냐-프랑스 동맹군과 오스트리아군 사이에 벌어진 전투)에 참전한 목격자 프랑수아 다르쿠르(François duc d'Harcourt, 1689~1750)가 보고한 다음 내용은 모든 전투에 적용된다. "당연히 장군들은 수백 개의 증언을 토대로 공식 보고서를 작성해서 제출하고, 명령을 전달하는 장교는 보고서를 수정해서 최종 보고서를 작성했다. 참모장은 보고서에 이의를 제기하고 완전히 새로 다시 썼다. 총사령관은 전달받은 보고서를 보고 '모두가 잘못 알고 있군!' 하고 소리치며 새로운 보고서로 대체했다. 결국 최종 보고서에는 첫 보고서의 내용이 거의 남아 있지 않았다." 다르쿠르는 이 사례를 가장 충격적이고 목격자가 많은 사건도 진실을 밝히는 것이 불가능하다는 사실을 보여주는 증거로 제시했다.

내용은 전면 수정되어야 한다. 가장 많은 사람이 목격한 사건일수록 도리어 가장 의심스러운 사건이기 때문이다. 사건을 수천 명이 동시에 목격했다는 말은 실제 사건이 그들의 증언과 크게 다르다는 것을 의미한다.

지금까지 논의에 비추어보면 역사서는 순전한 상상의 산물이라는 결론에 도달하게 된다. 역사서는 잘못 관찰한 사건에 뒷날 설명을 덧붙인 근거 없는 이야기다. 그런 책을 쓰느라 시간을 낭비하느니 차라리 회반죽을 개는 편이 낫겠다. 물론 과거에 기념비적인 문학과 예술 작품을 남기지 않았더라면 우리는 이전에 실제로 무슨 일이 있었는지 전혀 알지 못할 것이다. 하지만 헤라클레스, 석가모니, 예수, 무함마드처럼 인류에게 지대한 영향을 미친 인물의 삶을 전하는 이야기 중에 일말이라도 진실에 가까운 내용이 있을까? 그럴 가능성은 거의 없다. 게다가 그들의 실제 삶은 오늘날 우리에게 그다지 중요하지 않다. 우리가 알고 싶은 건 민간설화가 창조해낸 위대한 인물 그 자체이기 때문이다. 군중의 심금을 울리는 인물은 실제 영웅이 아닌 전설 속 영웅이다.

안타깝게도 이들 민간설화도 책으로 기록되기는 하지만, 그 자체로 일관성을 유지하지 못한다. 설화는 시간이 흐르면서 군중의 상상력이 더해져 변형되고, 특히 민족의 영향을 많이 받는다. 구약성서에 등장하는 잔혹한 여호와는 성녀 테레사가 섬긴 사랑의 신과는 다르고, 중국에서 숭배하는 부처는 인도에서 섬기는 부처와 공통점이 하나도 없다.

반드시 영웅이 죽고 수 세기가 지나야만 그들의 신화가 군중의 상상력으로 변형되는 건 아니다. 가끔은 신화가 변형되는 데 몇 년이 채 걸리지 않는다. 오늘날 우리는 역사상 가장 위대한 영웅 중 한 사람의 신화가 반세기도 안 되어 여러 차례 변형되는 현상을 목격할 수 있다. 부르봉 왕조 시대에 나폴레옹은 목가적이고 자유로운 박애주의자이자 하층민의 친구였다. 시인들은 하층민이 오래도록 그와 얽힌 추억을 간직할 거라고 읊조렸다. 하지만 30년 후에 이 온순한 영웅은 권력과 자유를 찬탈하고 나서 오로지 자신의 야망을 채우려고 3백만 명을 죽음으로 몰아넣은 잔혹한 전제군주가 되었다.

오늘날 이 신화가 다시 한번 변형되고 있다. 수십 년이 흐른 뒤에 미래의 학자들은 이렇게 상반된 이야기를 두고 우리가 부처의 존재를 의심했듯이 과연 이 영웅이 실존했는지 미심쩍어할 수도 있다. 그러고는 나폴레옹 신화도 태양 신화나 헤라클레스 신화가 변형된 형태라고 생각하는지 모른다. 학자들은 이런 불확실성에서 위안을 얻을 것이다. 그때쯤이면 군중심리에 관한 지식이 더욱 많이 쌓여서 역사가 오직 신화만 기억한다는 점을 깨닫게 될 테니 말이다.

3. 과장되고 단순한 군중의 감정

군중이 터뜨리는 감정은 좋건 나쁘건 단순하고 과장되었다는 이중적 특성을 띤다. 다른 성질과 마찬가지로 이런 특성에서도 군중 속 개인은 원시인과 닮았다. 감정의 섬세한 차이를 이해하지 못한 채 현상을 통째로 바라보고 맥락을 파악하지 못한다는 뜻이다. 군중 안에서 시작된 감정은 암시와 전염을 통해 순식간에 확산하고 명백한 동의를 얻으면 그 힘이 커지기 때문에, 감정이 과장되는 정도는 한층 더 심해진다.

군중이 드러내는 감정은 단순하고 과장되기에 군중 안에는 의심과 불확실성이 없다. 군중은 여성들처럼 곧장 극단으로 치닫는다. 한 번 일어난 의혹은 즉시 논의의 여지가 없는 명백한 사실이 된다. 초반의 혐오나 반론은 홀로 있는 개인이라면 더 깊어지지 않지만, 군중 속 개인한테서는 곧바로 맹렬한 증오가 된다.

군중의 감정이 띠는 폭력성은 이질적 군중 안에서 더욱 과장된다. 이질적 군중 안에 있으면 아무도 책임감을 느끼지 않기 때문이다. 군중이 다수일수록 처벌되지 않는다는 확신이 더욱 강해진다. 또한 다수라는 사실이 일시적으로 권력 개념을 형성하기 때문에 홀로 있는 개인이라면 불가능했을 감정과 행동이 집단 안에서는 가능해진다. 어리석은 사람, 무식한 사람, 시샘하는 사람도 군중 안에 있으면 무가치하고 무능하다는 평가에서 해방되어 일시적이나마 엄청난 힘을 발휘한다.

안타깝게도 군중 안에서 과장되는 감정은 대부분 나쁜 감정이다. 나쁜 감정은 원시시대 인간의 본능이 남긴 유전적 잔재다. 그래서 독립적이고 책임감이 강한 사람이라면 징벌받을까 두려워 억제할 수밖에 없는 본능이다. 하지만 군중 안에서는 나쁜 감정이 손쉽게 과장된다. 군중이 그토록 아무렇지 않게 잔혹한 행동을 저지르는 것도 이 때문이다.

군중은 곧잘 암시에 넘어가지만, 그렇다고 영웅다운 행동이나 헌신에 나서지 않는 건 아니다. 높은 덕망을 보이기도 한다. 도리어 홀로 있는 개인보다 훨씬 도덕적일 수도 있다. 이 내용은 군중의 도덕성을 다룰 때 다시 이야기하기로 하자.

감정이 한껏 치달은 군중은 극단적인 감정에만 자극을 받는다. 이런 군중을 매혹하려는 연설가는 과격한 확언을 남발해야 한다. 과장하고 단언하고 반복하며 절대로 추론으로 논증하려고 들지 말 것, 이것이 대중 집회 연설가들 사이에서 잘 알려진 웅변술이다.

군중은 자신들의 영웅에게도 똑같은 과장을 갈구한다. 영웅의 외적 자질과 덕망은 원없이 미화해야 한다. 군중이 연극을 볼 때 주인공에게 실제 인생에서라면 절대 실천하지 않을 덕망과 용기, 도덕성 자질을 요구한다는 지적도 매우 적절하다.

사람들은 연극에 특별한 시각적 관점이 있다고 하는데, 이는 타당한 말이다. 이런 관점이 분명 존재하지만, 관점의 규칙은 상식과 논리하고는 전혀 상관없다. 군중에게 말을 걸 때 그리 대단한 기술이 필요하진 않지만, 매우 특별한 자질이 요구된다. 그래서 대본만 읽고 연극의 성공을 가늠하기란 대개 불가능하다. 극장 감독이 작품을 받아서 읽어보아도 그 성공 여부를 확신하지 못하는 경우가 허다하다. 이를 판단하려면 감독 스스로 군중이 되어보아야 하기 때문이다. 한층 깊이 들어가보면[5], 여기서도 민족이 미치는 지배적인 영향을 고려해야한다. 한 나라에서 군중을 열광시킨 연극작품이 다른 나라에서는 새로운 관객을 자극할 만한 힘을 발휘하지 못해서 실패하거나, 전문가에게만 호평을 받거나, 평범한 수준의 성공만 거두기도 한다.

군중이 감정만 과장할 뿐, 지적 측면은 절대 과장하지 않는다는 점은 덧붙일 필요도 없다. 앞서 이미 개인이 무리를 짓는다는 사실만으로 지적 수준이 순식간에 대폭 낮아진다는 사실을 밝혔기 때문이다. 프랑스의 사회학자이자 범죄학자인 가브리엘 타르드도 군중의 범죄를 연구하며 이 사실을 입증했다. 군중은 오직 감정에서만 극단적으로 오르락내리락한다.

4. 군중의 편협함, 독단, 보수성

군중은 단순하고 극단적인 감정만 경험한다. 군중은 암시된 의견이나 사상, 신념을 통째로 받아들이거나 거부해서 절대적 진리 혹은 그만큼 절대적인 오류로 여긴다. 이론적 추론 대신 암시를 통해 선택된 신념도 마찬가지다. 종교적 신념이 얼마나 편협하고 인간의 영혼에 독재적이며 절대적인 영향력을 미치는지 모르는 사람은 없을 것이다.

진실 혹은 오류를 전혀 의심하지 않고 확신하는 군중은 편협하고 그만큼 독단적이다. 개인은 반론과 토론을 허용하지만, 군중은 절대로 용납하지 않는다. 대중 집회에서 연설가가 일말이라도 반론을 제기하면 즉각 분노에 찬 고함과 험악한 욕설이 쏟아지고, 연설가가 그래도 자신의 의견을 고집하면 난폭한 행동이 이어지고 퇴장까지 당한다. 당국 관계자가 삼엄하게 감독하지 않으면 반대자가 학살되는 일도 빈번하다.

독단과 편협함은 모든 군중이 일반적으로 보이는 특성이지만, 유형에 따라 그 정도가 매우 다양하다. 이 지점에서 인간의 모든 감정과 생

---

5 여기서 왜 모든 극장 감독이 거부한 작품이 우연히 공연되었다가 엄청난 성공을 거두는 일이 가끔씩 일어나는지 이해된다. 프랑스 시인이자 극작가인 프랑수아 코페(François Coppée, 1842~1908)의 작품 〈왕관을 위하여(Pour la couronne)〉는 작가가 명성을 떨쳐도 10년 동안 극장 감독들에게 거절당하다가 마침내 성공을 거두었다. 또한 모든 극장에서 외면받다가 한 주식 중개인 덕분에 상연된 〈찰리의 이모(La marraine de Charley)〉는 프랑스에서 200회, 영국에서는 1,000회 이상 상연되었다. 극장 감독이 결코 정신적으로 군중을 대신할 수 없다는 점을 본문과 같이 설명하지 못하면, 연극에 정통하고 좋은 작품을 알아보지 못하는 중대한 오류를 저지르지 않으려고 애쓰는 개인들이 내리는 판단의 오류는 설명이 불가능하다. 이 주제는 더 많은 연구가 필요하므로 여기서 더 부연하지 않겠다.

각을 지배하는 민족 개념이 다시 등장한다. 특히 라틴계 군중의 독단과 편협함은 앵글로색슨계 군중한테서 두드러지는 개인의 독립성을 철저히 파괴할 만큼 강력하게 발달했다. 라틴계 군중은 오직 자신이 소속된 집단의 독립성에만 민감한데, 이 독립성에는 신념이 다른 사람들을 모조리 그 자리에서 난폭하게 무릎 꿇리는 특성이 있다. 라틴계 군중 가운데서도 과격한 급진파는 종교재판 시대부터 자신들이 생각하는 자유 개념에 또 다른 뜻이 있다는 점을 결코 이해하지 못했다.

독단과 편협함은 군중이 쉽사리 이해할 수 있는 감정이기에, 군중은 여기에 푹 빠져서 누군가 강요하면 선뜻 수긍하고 실행에 옮긴다. 군중은 고분고분하게 권력을 받들고, 그들 사이에서 무력함의 한 형태로만 치부되는 선함에는 거의 자극을 받지 않는다. 그들은 온화한 지도자보다는 자신들을 가차 없이 짓밟는 폭군을 지지한다. 그래서 언제나 폭군의 동상을 높이 세운다. 반면, 몰락한 전제군주는 끌어내리고 짓밟는다. 세력을 잃은 군주는 이제 두렵지 않고 업신여겨도 되는 약자이기 때문이다. 군중이 좋아하는 영웅은 율리우스 카이사르처럼 자질을 갖춘 인물이다. 그의 휘장은 군중을 유혹하고, 그의 권위는 군중을 압도하며, 그의 검은 군중을 두려움에 떨게 한다.

약한 권력에 대항해서 언제라도 들고일어날 준비가 되어 있는 군중은 강한 권력에는 비굴하게 복종한다. 권력자가 주기적으로 권세를 휘두르면, 군중은 자신들의 극단적인 감정을 철저히 따르며 반복해서 무정부 상태와 노예 상태 사이를 오간다.

군중 안에서 혁명 본능이 우세하리라고 믿는다면 군중심리를 제대로 파악하지 못한 처사다. 군중의 폭력성 때문에 우리가 착각하는 것이다. 군중이 보여주는 폭발적인 저항과 파괴는 지극히 일시적이다. 군중은 무의식, 즉 조상에게 물려받은 오래된 정신적 유산의 지배를 받기에 극도로 보수적이다. 자신들만 남으면 군중은 금방 무질서에 싫증을 느끼고 본능에 따라 노예로 돌아가려고 한다. 나폴레옹이 모든 자유를 억압하고 철권통치를 시작했을 때 가장 열렬히 환호한 사람들은 바로 자코뱅파 가운데서도 가장 오만하고 다루기 힘든 자들이었다.

이렇게 철저하게 보수적인 군중의 본능을 정확히 파악하지 못하면 역사, 특히 민중혁명의 역사를 제대로 이해하기 힘들다. 군중은 제도의 명칭을 바꾸고 싶어 하고, 그러기 위해 때로는 난폭한 혁명을 일으킨다. 하지만 제도의 본질은 대대로 내려온 민족의 요구가 세차게 표출된 것이기 때문에 군중은 다시 본래의 제도로 돌아올 수밖에 없다. 군중은 끊임없이 변덕을 부리며 피상적인 일만 바꾼다. 사실 군중은 원시인만큼이나 완강하게 보수 성향의 본능을 지니고 있다. 전통을 맹목적으로 존중하는 군중의 기질은 절대적이다. 군중 안에는 자신들의 실제 생존조건을 바꿀 수도 있는 새로운 문물을 무의식적으로 두려워하는 공포가 뿌리 깊이 박혀 있다. 만약 방직기와 증기기관, 철도가 발명된 시대에도 민주주의가 지금처럼 세력을 확장했다면 이들 발명품의 실현은 불가능했거나, 혁명과 학살을 대가로 치러야만 했을 것이다. 과학과 산업의 위대한 발견이 완성된 뒤에 군중 세력이 등장한 것은 문명과 발전을 위해 참으로 다행스러운 일이다.

5. 군중의 도덕성

도덕성이 사회적 합의를 일관되게 존중하고 이기적 충동을 끊임없이 억누른다는 뜻이라면, 군중은 도덕성을 갖추기에 너무 충동적이고 변덕스럽다. 하지만 자기희생, 헌신, 무사무욕, 공정함과 같은 자질을 일시적으로 표출하는 일도 도덕성에 포함하면 군중은 고결하기 그지없는 도덕성을 갖추었다고 할 수 있다.

군중을 연구하는 심리학자는 매우 드문데, 이들은 범죄행위의 관점에서만 군중을 고찰했다. 범죄행위가 얼마나 빈번하게 일어나는지에만 관심을 두었기에, 그들은 군중의 도덕 수준이 아주 낮다고 생각했다.

군중의 도덕성이 저급한 것은 대체로 사실이다. 왜 그럴까? 간단히 설명하면, 원시시대의 잔재인 파괴적이고 잔혹한 본능이 우리 각자의 내면에 깊숙이 웅크리고 있기 때문이다. 독립된 개개인이 일상에서 이런 본능을 분출하면 매우 위험하다. 하지만 아무런 처벌도 받지 않는 무책임한 군중 안에서 개인은 마음껏 본능을 따른다. 우리는 이 파괴적 본능을 같은 인간에게는 상습적으로 발산할 수 없기 때문에 동물을 상대로 표출하며 만족해한다. 군중이 사냥과 잔혹한 행동을 하며 드러내 보이는 보편된 열정도 같은 맥락이다. 무력한 희생양을 천천히 죽이는 군중을 보면 그들이 얼마나 비열하고 잔혹한지 알 수 있다. 철학자의 시선으로 보면 이런 잔혹성은 수십 명이 무리를 지어서 사냥개가 불쌍한 사슴을 괴롭히다가 사슴의 배를 갈라버리는 장면을 즐기는 사냥꾼의 습성에 가깝다.

군중은 살인과 방화를 포함한 모든 종류의 범죄를 저지를 수 있지만, 동시에 고결한 헌신과 희생, 이타적 행동도 할 수 있다. 특히 군중 안에 있는 개인에게 명성과 명예, 신앙, 애국심을 자극하며 호소하면 이 개인은 기꺼이 목숨도 바친다. 프랑스 역사를 돌아보아도 십자군이나 1793년에 활약한 의용군과 비슷한 사례를 무수히 찾아볼 수 있다. 오직 집단만이 위대한 무사무욕과 헌신을 실천할 수 있다. 오직 군중만이 본인들도 제대로 이해하지 못하는 신앙과 사상, 명언을 위해 영웅적인 학살을 자행할 수 있다. 군중은 스스로는 만족하는 쥐꼬리만 한 임금을 인상하기 위해서가 아니라 어떤 명령에 복종하려고 파업한다. 독립된 개인이라면 개인의 이익을 절대적 동기로 삼지만, 군중에게는 그것이 강력한 동기가 되지 못한다. 군중이 자신도 이해할 수 없는 수많은 전쟁으로 돌진하고 그 전쟁터에서 사냥꾼이 가져다 놓은 거울에 최면 걸린 종달새처럼(사냥꾼이 탁자에 거울을 놓아두면 종달새가 다가와서 거울에 비친 제 모습을 보고 자신을 유혹하는 다른 종달새로

착각해서 무아지경에 빠지는데, 사냥꾼은 이때를 놓치지 않고 그물을 던져서 종달새를 잡는다 - 역자) 아무렇지 않게 학살을 자행한 것도 개인의 이익을 위해서가 아니었다.

지독한 불한당이 군중에 속했다는 이유만으로 엄격한 도덕 원칙을 지키는 경우도 허다하다. 역사학자 이폴리트 텐도 지적했다시피, 프랑스 대혁명 당시 감옥에서 왕당파와 반혁명 혐의자들을 끌어내어 학살한(9월 대학살을 가리킨다 - 역주) 사람들은 희생자들의 옷에서 찾은 돈주머니와 보석을 훔치지 않고 위원회에 기탁했다. 1848년 혁명 때 울부짖으며 튀일리궁에 침입해서 휘젓고 다닌 가난에 찌든 군중 역시 하나만 훔쳐서 팔아도 족히 며칠은 먹고살 수 있는 화려하고 값비싼 물건들에 손을 대지 않았다.

이처럼 개인이 군중 안에서 도덕적으로 행동하는 것이 일관되게 나타나는 현상은 아니지만 심심찮게 관찰되며, 방금 인용한 현장보다 덜 심각한 상황에서도 찾아볼 수 있다. 앞서 언급했듯이, 군중은 연극을 볼 때 주인공에게 과장된 미덕을 요구한다. 또한 매우 열등한 사람들이 참석한 집회에서도 모두 점잖은 체하는 모습을 쉽게 볼 수 있다. 상습적인 난봉꾼, 포주, 빈정대는 건달도 음탕한 장면이나 경박한 대사 앞에서 투덜거린다. 그들이 일상적으로 나누는 대화에 비하면 아무것도 아닌데 말이다.

군중은 대개 저급한 본능을 따르지만, 가끔은 고결한 도덕성의 모범을 보이기도 한다. 무사무욕, 체념, 현실적 혹은 비현실적 이상에 바치는 절대적 헌신이 도덕적 미덕이라면 가장 현명한 철학자도 도달하지 못할 수준의 미덕을 군중이 보여줄 때가 있다. 군중은 무의식적으로 미덕을 실천하지만, 이는 중요치 않다. 군중이 도가 지나치게 무의식의 영향을 받고 스스로 생각하려 하지 않는다고 대놓고 불평하지는 말자. 군중이 한 치라도 이치를 헤아리고 당장에 자신의 이익을 따졌다면 지구상에는 아무런 문명도 꽃피지 못했을 테고 인류에게는 역사도 없었을 것이다.

03

군중의 사상, 추론, 상상력

1. 군중의 사상

앞서 발표한 책에서 민족의 진화에 사상이 어떤 역할을 하는지 연구하며, 우리는 각 문명이 거의 변화를 겪지 않은 몇몇 기본 사상에서 출발했다는 사실을 밝혔다. 또한 이 기본 사상이 어떻게 군중 안에 뿌리내렸는지 설명했다. 사상이 군중 안으로 파고들기가 얼마나 어려운지, 그리고 마침내 사상이 침투했을 때 얼마나 막강한 영향력을 행사하는지도 알아보았다. 더불어, 역사의 소용돌이가 대개 사상이 변화하면서 시작되었다는 점을 확인했다.

이 주제는 이미 충분히 다루었으므로 다시 언급하지 않고, 군중이 어떤 사상을 어떤 형태로 받아들이는지만 간단히 살펴보겠다.

사상은 두 종류로 나뉜다. 인물이나 교리에 열광하는 세태처럼 당대의 영향을 받아서 일시적인 사상이 우연히 나타나는가 하면, 계층이나 유전적 특성, 평판을 발판 삼아 안정적으로 형성된 기본 사상이 있다. 예전에는 종교적 신념이, 오늘날에는 사회주의와 민주주의 사상이 그 일례다.

기본 사상이 도도히 흐르는 거대한 강물이라면 일시적 사상은 수면에 쉴 새 없이 파장을 일으키는 파도라고 할 수 있다. 그래서 파도와 같은 일시적 사상은 그다지 중요하진 않지만, 소리 없이 흐르는 도도한 강물과 같은 기본 사상보다 더 눈에 띈다.

오늘날, 우리 선조가 경험했던 주요한 기본 사상이 점차 흔들리고 있다. 이제는 견고함을 잃어버린 이 기본 사상을 토대로 세워진 제도도 근간부터 흔들리고 있다. 한편, 내가 앞서 언급한 일시적이고 작은 사상이 매일같이 생겨나고 있다. 그러나 이 가운데 한창 무르익어서 막대한 영향력을 얻는 사상은 거의 없다.

군중에게 어떤 사상을 암시하건 가장 절대적이고 단순한 형태로 포장해야만 지배적인 영향을 미칠 수 있다. 그래서 사상은 이미지의 형태로만 군중에게 도달할 수 있다. 이렇게 이미지로 가득은 사상은 서로 이론적 유사관계나 연속관계가 전혀 없어서 환등기의 슬라이드처럼 교체될 수 있다. 작업자가 상자에 겹겹이 놓인 슬라이드 중 하나를 꺼내어 환등기에 끼워 넣기만 하면 되는 것처럼 말이다. 그래서 서로 가장 모순된 사상이 군중 안에 나란히 존재할 수도 있다. 군중은 그때그때 우연히 자신들의 이해력 안에 쌓인 다양한 사상 중 하나의 영향을 받기 때문에, 이전과는 완전히 다른 행동을 할 수 있다. 비판 정신을 잃어버린 군중은 그 행동들이 모순된다는 사실조차 알아차리지 못한다.

이는 군중만이 드러내는 특수한 현상이 아니다. 이런 현상은 원시인은 물론이고, 종교의 광신도처럼 정신 일부분이 원시인과 닮은 독립된 개인한테서도 관찰된다. 나는 유럽에서 대학을 다니고 필요한 학위를 모두 취득한 학식 있는 힌두교도들 사이에서 이런 현상이 특히 두드러지는 것을 확인했다. 그들이 조상 대대로 물려받은 종교사상 혹은 사회사상이라는 굳건한 반석 위에 이와는 공통점이 하나도 없는 서구 사상이 중첩된다. 서구 사상은 종교사상과 사회사상을 터럭만큼도 변질시키지 않는다. 시대에 따라서 특별한 행동이나 말을 통해 두 사상이 번갈아가며 드러나고, 결국에는 한 개인조차 명백한 모순을 드러낸다. 하지만 모순은 표면적으로만 모순일 뿐, 실상은 그렇지 않다. 독립된 개인 처지에서는 대대로 물려받은 사상만이 행동을 일으키는 동기가 될 만큼 강력하기 때문이다. 따라서 이들이 사뭇 모순된 행동을 보이는 건 다른 민족과 결합해 섞여서 서로 다른 유전적 특성이 충동적으로 상충할 때뿐이다. 이런 현상이 심리학적 관점에서는 매우 중요하지만, 여기에서 계속 논의해 보아야 별 도움이 안 된다. 적어도 10년은 여행하며 수많은 사람을 관찰해야만 이런 현상을 이해할 수 있기 때문이다.

군중은 단순한 형태의 사상만 이해할 수 있다. 따라서 사상이 철저한 변화를 겪어야만 군중이 쉽게 받아들인다. 특히 고결한 심리적 혹은 과학적 사상은 군중의 수준까지 층층이 내려가기 위해 근본적인 변화를 겪기도 한다. 이런 변화는 군중의 유형과 군중이 속한 민족에 따라 정도가 달라지지만, 어떤 변화건 사상을 단순화하고 수준을 낮춘다는 점에서 동일하다. 그래서 사회적 관점에서 볼 때 실질적으로 사상에는 서열이 없다. 달리 말해 더 고결한 사상이란 없다는 뜻이다. 군중에게 도달해서 영향을 미칠 수 있게 되었다는 사실 하나만으로, 애초에 그토록 위대하고 진실했던 사상도 본래의 모든 요소를 박탈당하기 때문이다.

또한 사회적 관점에서 볼 때 사상의 서열이 지니는 가치는 중요치 않다. 이 사상이 어떤 효력을 발휘하는지가 관건이다. 중세시대의 기독교 사상, 지난 세기의 민주주의 사상, 오늘날의 사회사상은 확실히 매우 수준이 높다고 할 수는 없다. 철학적으로 빈약하고 오류로 가득 찼을 뿐이다. 하지만 이들 사상은 지금까지 그래온 것처럼 앞으로도 아주 중요한 역할을 할 테고, 오랫동안 국가 경영에 필수 요소로 작용할 것이다.

사상이 군중에게 도달할 수 있도록 변화를 겪더라도, 뒤에서 살펴볼 다양한 과정을 거쳐 군중의 무의식에 스며들고 군중의 감정이 될 때만 비로소 군중에게 영향을 미칠 수 있다. 이 과정은 무척 오랜 시간이 걸린다.

단순히 사상의 타당성이 증명되었다고 해서 그 사상이 효력을 발휘하리라고 여겨서는 안 된다. 교양인에게도 영향을 못 미치기는 마찬가지다. 가장 명백한 논증도 대다수 사람에게 거의 영향을 미치지 못하는 것만 보아도 알 수 있다. 이치가 맞아떨어지면 교양 있는 청중은 인정하겠지만, 이렇게 새로운 사상을 받아들인 사람도 무의식의 영향을 받아서 금방 원래 사상으로 돌아간다. 며칠 후에 다시 만나면 그 사람은 이전 논거를 동원해서 이전과 똑같은 언어로 말할 것이다. 그가 이미 감정이 되어버린 이전 사상의 영향을 받기 때문이다. 결국 감정으로 자리 잡은 사상만이 우리가 하는 말과 행동의 주된 동기에 영향을 미친다. 이 점은 군중도 마찬가지다.

하지만 사상이 다양한 과정을 거쳐서 일단 군중의 정신에 스며들면 저항할 수 없는 강력한 힘을 발휘하고 연쇄효과를 일으킨다. 프랑스 대혁명으로 이어진 철학사상이 군중의 영혼에 깃들기까지 한 세기가 넘는 시간이 걸렸다. 이렇게 뿌리내린 사상은 아무도 저항할 수 없는 힘이 된다. 평등한 사회를 쟁취하고 추상적 권리와 이상적 자유를 실현하기 위해 프랑스 민족 전체가 들고일어나자, 서구의 모든 왕권이 비틀거리고 서구 세계 전체가 뿌리째 흔들렸다. 20년간 유럽 민족간에 살벌한 분쟁이 이어지고 칭기즈 칸과 티무르(중앙아시아를 지배한 티무르 제국의 창시자 - 역주)조차 벌벌 떨게 한 대량 학살이 유럽 전체에서 벌어졌다. 그때까지 세상은 하나의 사상이 폭주하며 그만한 참극을 일으킨 사례를 목도한 적이 없다.

사상이 군중의 정신에 뿌리내리는 데도 오랜 시간이 걸리지만, 군중이 그 사상에서 벗어나는 데도 그만큼 오랜 시간이 걸린다. 사상을 놓고 보면, 군중은 학자나 철학자보다 몇 세대는 뒤처져 있다. 오늘날 모든 정치인은 기본 사상에 오류가 있다는 점을 알지만, 그 영향력이 막강해서 자신들도 더는 믿지 않는 원칙에 따라 통치할 수밖에 없다.

2. 군중의 추론

군중이 추론을 하지도 않고 추론의 영향을 받지도 않는다고 단정적으로 말할 수는 없다. 하지만 군중이 사용하거나 영향을 받은 논법은 논리적 관점에서 볼 때 너무 허술해서 유추를 해봐야만 논법이라고 할 수 있을 정도다.

군중의 수준 낮은 추론은 수준 높은 추론과 마찬가지로 연상에 기초한다. 하지만 군중이 연상하는 생각들 사이에는 단지 표면적인 유사관계 혹은 계승관계만 있을 뿐이다. 군중이 생각을 이어나가는 방식은 에스키모나 미개인, 노동자의 방식과 비슷하다. 경험을 통해 얼음처럼 투명한 물질이 입 안에서 녹는다는 사실을 안 에스키모는 똑같이 투명한 물질인 유리도 입 안에서 녹을 거라고 결론짓는다. 미개인은 적의 심장을 먹으면 적의 용맹함을 얻는다고 믿고, 한 번 고용주에게 착취당한 노동자는 모든 고용주를 착취자라고 생각한다.

겉으로 보이는 연관성밖에 없는 서로 다른 것들을 조합하고 특수한 경우를 곧바로 일반화하는 양상이 군중이 추론하는 방식의 특징이다. 군중을 다룰 줄 아는 사람이 이런 추론방식을 사용하며, 유일하게 군중에게 영향을 미칠 수 있다. 군중은 논리적 추론을 절대 이해하지 못한다. 바로 이 점이 군중이 추론하지 않고, 하더라도 제대로 할 수 없으며, 추론의 영향을 받지도 않는다고 말할 수 있는 이유다. 우리는 가끔 논리적으로 허술한 연설이 듣고 있던 군중에게 엄청난 영향을 미치는 장면을 보고 황당해하는데, 실은 우리가 잊은 게 있다. 그런 연설은 철학자가 읽기 위해서가 아니라 집단을 부추기기 위해 쓰였다는 점이다. 군중과 가까이 소통하는 연설가는 군중을 유혹하는 이미지를 머릿속에 떠올리게 한다. 유혹이 성공하면 연설가는 목표를 달성한 것이다. 책으로 족히 스무 권은 될 만큼 장황하게 항상 그뒤에 따라오는 연설은 군중의 뇌리에 도달하는 단 몇 문장의 가치에도 못 미친다.

이렇듯 군중은 추론할 수 없기에 비판정신의 흔적도 찾아볼 수 없다는 말, 즉 진실과 오류를 분별하고 무엇에 대해서든 분명한 의견을 내어놓을 능력이 없다는 말은 굳이 덧붙일 필요도 없을 것이다. 군중은 강요된 의견만 받아들일 뿐, 스스로 곰곰이 생각하지 않는다. 이런 관점에서 볼 때, 군중의 수준을 넘어서지 못하는 사람이 많다. 어떤 견해가 그토록 손쉽게 일반화되는 이유는 사람들 대부분이 스스로 추론해서 자신만의 의견을 내어놓지 못하기 때문이다.

3. 군중의 상상력

추론 능력이 없는 사람이 그렇듯, 군중의 상상력은 강력하고 활발하며 주변의 자극에 약하다. 인물이나 사건, 사고로 인해 군중 머릿속에 떠오른 이미지는 살아 숨 쉬는 듯 생생하다. 군중은 잠들어 있는 것이나 마찬가지다. 잠자는 동안 이성은 잠시 작동을 멈추고, 이미지가 한없이 강렬해지다가 잠 속에서도 깊이 생각해보려는 찰나 사라져 버린다. 곰곰이 생각하거나 이성적으로 추론하는 능력이 없는 군중 안에는 사실 같지 않은 일이라는 개념 자체가 없다. 그런데 일반적으로 가장 사실 같지 않은 일들이 군중에게 가장 큰 영향을 미친다.

군중이 사건의 경이롭고 전설적인 측면에서 가장 강력한 자극을 받는 이유가 이것이다. 하나의 문명을 분석해보면 실제로 경이롭고 전설적인 측면이 그 문명을 떠받친 진정한 버팀대였다는 사실을 알 수 있다. 역사를 돌이켜보면, 언제나 표면적인 것이 실상보다 더 중요한 역할을 했고 비현실이 현실을 능가했다.

군중은 이미지로만 생각할 수 있기에 이미지에만 자극을 받는다. 오직 이미지만이 군중을 공포에 떨게 하거나 유혹해서 행동하게 만들 수 있다.

그래서 가장 시각적인 형태로 이미지를 보여주는 연극이 군중에게 가장 큰 영향을 미친다. 고대 로마 시민들은 빵과 연극 공연에서 가장 이상적인 행복을 느꼈고, 그 이상은 요구하지도 않았다. 시대가 흘러도 연극이 지닌 영향력은 달라지지 않았다. 연극 공연만큼 군중의 상상력을 자극하는 매체도 없기 때문이다. 관객이 모두 동시에 같은 감정을 느낀다. 이 감정이 행동으로 나타나지 않는 건 관객이 완전한 무의식 상태에 놓여 있어서 자신이 환상에 사로잡혀 상상의 모험을 하며 웃고 울고 있다는 사실을 모르기 때문이다.

그런데도 이미지가 암시한 감정이 몹시 강렬해서 일상의 감정처럼 행동으로 드러나려고 할 때가 있다. 침울한 비극작품만 올렸던 한 민중 극단이 배신자 역할을 맡은 배우를 경호할 수밖에 없었던 이야기를 수없이 들어보았을 것이다. 연극에서 허구로 연기했을 뿐인 배신을 현실로 착각해서 관객이 분노한 탓에 배우를 보호해야 했기 때문이다. 이 관객들이야말로 군중의 정신 상태, 특히 군중이 얼마나 쉽사리 암시에 걸리는지를 가장 명확하게 보여주는 사례다. 군중에게는 비현실이 현실만큼 영향을 미친다. 군중은 이 두 가지를 구분하지 않는 경향이 있기 때문이다.

정복자의 권력과 국가의 힘은 이런 군중의 상상력을 토대로 형성된다. 무엇보다도 이 상상력을 동원하면 쉽게 군중을 이끌어갈 수 있다. 불교와 기독교와 이슬람교의 탄생, 종교개혁, 프랑스 대혁명, 오늘날 사회주의의 위협적인 침투와 같은 역사의 거대한 사건은 모두 군중의 상상력이 강력하게 자극을 받은 직간접적 결과라고 할 수 있다.

그래서 절대 권력을 쥔 전제군주를 포함한 모든 시대와 모든 국가의 위대한 정치인은 모두 군중의 상상력을 권력의 기반으로 여겨서, 이 상상력을 거스르는 통치는 절대로 하지 않았다. 나폴레옹은 최고 행정재판소에서 이렇게 연설했다. "나는 가톨릭 신자가 되어 방데전투를 끝냈습니다. 이슬람교도가 되어 이집트 원정을 성공으로 이끌었고, 교황권 지상주의자가 되어 이탈리아에서 사제들의 마음을 사로잡았습니다. 만약 유대인들을 통치하게 된다면 나는 기꺼이 솔로몬 신전을 재건할 것입니다." 알렉산드로스 대왕과 율리우스 카이사르 이후로 나폴레옹만큼 군중의 상상력을 어떻게 자극해야 하는지 정확하게 이해한 위인은 없었다. 나폴레옹은 끊임없이 이 지점을 고민했다. 승리할 때도, 엄숙하게 연설할 때도, 대화하거나 행동할 때도 생각했다. 아마 죽음을 맞이했을 때도 그랬을 것이다.

그럼 어떻게 해야 군중의 상상력에 깊숙이 영향을 미칠 수 있을까? 곧 알아보겠지만, 일단 군중의 지성에 호소하는 방법, 즉 논리적 증명을 통해서는 불가능하다는 점만 말해두겠다. 안토니우스가 군중이 카이사르의 암살자들에게 분노하게끔 선동할 수 있었던 건 유창한 웅변술 때문이 아니었다. 그는 그저 군중 앞에서 카이사르의 유언장을 읽고 그의 시신을 보여주었을 뿐이다.

군중의 상상력을 짜릿하게 자극하는 것은 모두 강렬하고 또렷한 이미지로 나타난다. 대승리, 위대한 기적, 중대 범죄, 강렬한 희망처럼 경이롭고 신비한 사실만 남기고 모든 부수적인 해석을 제거한 이미지여야 한다. 사건을 총체적으로 보여주어야 하며, 어떻게 발생했는지 경위를 낱낱이 알려서는 안 된다. 백 개의 자잘한 범죄와 사건은 군중의 상상력에 강한 인상을 남기지 못한다. 이 잡다한 사고를 다 합친 결과보다 덜 위험하더라도 단 한 건의 중대 범죄나 대형 사고가 군중의 상상력에 강력하게 작용한다. 바로 몇 년 전, 파리에서 단 몇 주만에 5천 명의 목숨을 앗아간 독감은 군중의 상상력에 그다지 충격을 주지 못했다.

이 수많은 희생자가 눈에 보이는 이미지가 아닌 주간 통계 수치로 표현되었기 때문이다. 하지만 만약 같은 날 에펠탑이 무너져서 5천 명이 아닌 5백 명의 사망자를 냈더라면 군중의 상상력은 엄청난 자극을 받았을 것이다.

대서양을 횡단하던 한 여객선이 연락이 두절되어 원해에서 침몰한 것으로 추정되었을 때, 일주일 내내 군중의 상상력은 충격을 받았다.

그런데 공식 통계자료를 보면 같은 해에 대형 선박 천여 척이 바다에서 실종되었다. 연이은 침몰로 인한 인명과 재산 손실이 문제의 여객선이 입은 손실보다 훨씬 컸지만, 군중은 다른 사고에는 일말의 관심도 보이지 않았다.

따라서 군중의 상상력에 강렬한 인상을 남기는 것은 사건 자체가 아니라 사건이 재구성되고 제시되는 방식이다. 응축이라는 말이 적절할지 모르겠지만, 사건들이 응축되어 군중의 머릿속을 채우고 떠나지 않는 강렬한 이미지를 만들어야 한다. 군중의 상상력을 마음껏 자극할 수 있으면 통치 기술을 터득한 것이나 마찬가지다.

04

군중의 모든 확신이 띠는
종교적 형태

종교적 감정은 무엇으로 이루어지는가 - 종교적 감정은 신을 숭배하는 것과는 무관하다 - 종교적 감정의 특징 - 종교적 형태를 띠는 확신의 힘 - 다양한 사례 - 군중의 신은 단 한 번도 사라지지 않았다 - 군중의 신이 다시 태어날 때 입는 새로운 형태 - 무신론의 종교적 형태 - 역사적 관점에서 이 개념이 지닌 중요성 - 종교개혁, 성 바르톨로메오 축일의 학살, 공포정치와 모든 유사 사건은 종교적 감정의 결과일 뿐, 독립된 개인의 의지가 가져온 결과가 아니다

우리는 군중이 이성에 비추어 추론하지 않고, 사상을 뭉뚱그려 받아들이거나 거부하고, 논쟁이나 반론을 허용하지 않으며, 군중에게 작용한 암시는 이해 영역에 침투해서 곧장 행동으로 옮겨지는 경향이 있다는 점을 알아보았다. 군중이 어떤 이상에 대한 암시를 얼마간

받으면 그 이상을 위해 기꺼이 자신을 희생한다는 점도 설명했다. 또한 군중은 과격하고 감정이 극단으로 치달으며, 군중 안에서는 공감이 순식간에 숭배로 바뀌고 반감은 증오가 된다는 점도 알아보았다. 이렇게 일반적인 현상을 살펴보면 군중의 확신이 어떤 성격을 띠는지 짐작할 수 있다.

가까이서 들여다보면, 군중의 확신이 종교시대에도 그랬거니와 지난 세기 같은 정치적 격변기에도 특정한 형태를 띠었다는 사실을 알 수 있다. 나는 이 특정한 형태를 종교적 감정이라고 부르는 것이 최선이라고 생각한다.

종교적 감정은 특징이 아주 단순하다. 자신보다 우월해 보이는 이를 숭배하고, 그가 지녔음직한 주술적 힘을 두려워한다. 또한 그의 명령을 맹목적으로 따르고, 그의 교리에 반론을 제기하는 행동은 상상도 못 하며, 교리를 전파하려는 욕구가 강하고, 교리를 인정하지 않는 모든 사람을 적으로 간주하는 경향이 있다. 이런 감정은 눈에 보이지 않는 신에 적용하건, 돌이나 나무로 된 우상에 적용하건, 영웅이나 정치사상에 적용하건, 앞서 언급한 특징을 나타내는 순간 종교적 성질을 획득한다. 초자연적인 것과 신비로운 것도 마찬가지다. 군중은 지금 당장 그들을 열광하게 만드는 정치 구호를 외치고 승리를 거둔 지도자에게 무의식적으로 신비로운 힘을 쥐여준다.

우리가 신을 숭배할 때만 종교성을 띠는 것은 아니다. 생각과 행동의 목적이며 안내자가 되어버린 어떤 사상이나 인물을 우리의 모든 정신적 자원을 동원해서 모든 의지를 버리고 열정적으로 맹신하는 경우에도 종교성을 띤다.

종교적 감정에는 반드시 편협함과 맹신이 따른다. 지상이나 천상에서 누리는 행복의 비밀을 안다고 믿는 사람들에게는 이런 성향이 있을 수밖에 없다. 확신에 찬 무리의 구성원들도 모두 이런 특징을 나타낸다. 공포정치를 펴던 자코뱅당은 종교재판을 자행하던 가톨릭교도만큼 종교적이었고, 그들의 잔혹한 열정은 동일한 근원에서 나왔다.

확신에 찬 군중은 종교적 감정의 핵심인 맹목적 복종, 잔인한 편협성, 난폭한 선전 활동 등의 특징을 나타내므로, 군중의 모든 믿음은 종교적 형태를 띤다고 할 수 있다. 군중이 환호하는 영웅은 군중에게 신과도 같다. 15년 동안 군중의 신이었던 나폴레옹은 다른 어떤 신보다도 많은 완벽한 숭배자를 거느렸다. 그의 신성만큼 간단히 사람을 죽음으로 내몰 수 있는 신은 없었다. 기독교와 다른 종교의 신조차 스스로 정복한 영혼들에게 나폴레옹만큼 절대적인 영향력을 미치지는 못했다.

종교적 신앙이나 정치적 이념의 창시자들이 과업을 완수할 수 있었던 건 사람들에게 숭배와 복종에서 행복을 찾고 우상을 위해 기꺼이 목숨을 바칠 만큼 맹신하는 감정을 심어주었기 때문이다. 시대를 막론하고 언제나 그랬다. 프랑스의 역사학자인 퓌스텔 드 쿨랑주(Fustel de Coulange, 1830~89)는 자신의 저서에서 로마의 속국인 갈리아를 다루며, 로마제국이 유지될 수 있었던 까닭은 군사력이 아니라 갈리아인에게 불어넣은 종교성 짙은 동경심에 있다고 정확하게 지적했다. "백성에게 미움을 받으면서 5세기 동안이나 지속된 정부는 역사에서 유례를 찾아볼 수 없을 것이다. 로마제국이 30개 군단으로 1억명의 백성을 다스릴 수 있었던 이유를 설명하기는 쉽지 않다." 1억 명의 백성이 로마제국에 복종한 건 제국의 위대함을 상징하는 황제가 만장일치로 신처럼 숭배되었기 때문이다. 이 점은 제국의 가장 작은 촌락에도 황제를 위한 제단이 있었다는 사실을 들어 설명할 수 있다. "당시 로마제국 전역에 황제를 신처럼 숭배하는 새로운 종교가 생겨났다. 기독교 시대가 시작되기 수년 전에 갈리아 전체가 60개 도시를 대표해서 리옹 근처에 아우구스투스 황제를 기리는 제단을 공동으로 세웠다.…… 갈리아의 도시국가들에서 선출된 사제들은 각 도시의 저명인사였다.…… 이 모든 것이 갈리아가 로마 황제를 두려워하거나 그에게 복종했기 때문이었다고 설명할 수는 없다. 로마제국의 모든 민족이 노예로 살지는 않았으며, 300년 동안은 특히 그랬다. 황제를 숭배한 건 신민들이 아닌 로마 자체였다. 로마뿐만 아니라 갈리아, 스페인, 그리스, 아시아도 황제를 숭배했다."

오늘날 군중은 자신들의 영혼을 사로잡은 사람을 위해 제단 대신

조각상을 세우고 이미지를 만든다. 이런 점에서 볼 때 오늘날 드러나는 추종 양상은 이전 사람들이 숭배하던 모습과 별반 다르지 않다. 우리가 이런 군중심리의 기본 특성을 간파해야만 역사철학을 조금이나마 이해할 수 있다. 군중은 오직 신이 필요할 뿐이다.

이런 현상을 이성이 싹 몰아낸 과거의 미신에 불과하다고 치부해서는 안 된다. 감정은 이성과 벌이는 끝없는 싸움에서 결코 패배한 적이 없다. 군중은 신성과 종교라는 말을 더는 듣고 싶어 하지 않지만, 그토록 오랫동안 그것들의 노예였다. 지난 100년보다 군중이 더 많은 물신을 섬긴 때가 없었고, 오래된 신을 모시는 제단과 조각상을 더 많이 세운 시절도 없었다. 최근 몇 년 동안 '불랑제 장군 지지 운동'으로 알려진 민중운동을 연구한 사람이라면 군중의 종교적 본능이 얼마나 쉽게 되살아날 수 있는지 보았을 것이다.

시골 여인숙에도 장군 초상화가 걸려 있었다. 사람들은 블랑제 장군이 모든 불의와 불행을 해결할 수 있는 힘을 지니고 있다고 생각했다. 기회만 된다면 아마도 수천 명이 그를 위해 기꺼이 목숨을 내놓았을 것이다. 장군의 성정이 그의 신화를 받쳐줄 만큼 강인했다면 장군은 역사에서 한자리를 차지했을 것이다.

군중에게는 종교가 필요하다는 말도 반복할 필요가 없다. 모든 정치, 종교, 사회적 신념은 어떤 반박도 허용하지 않는 종교적 형태를 딸 때만 군중 안에 뿌리를 내릴 수 있기 때문이다. 무신론도 군중이 받아들이면 종교적 감정처럼 편협하고 극성맞은 특성을 띠고 겉으로도 금세 하나의 종교가 될 것이다. 실증주의를 추종하는 소수파가 변해가는 과정은 이런 현상을 입증하는 흥미로운 증거가 된다. 도스토옙스키가 그의 통찰력이 잘 드러난 작품에서 묘사한 어느 허무주의자에게 벌어진 일이 이 소수파에도 일어났다. 이성의 빛에 눈을 뜬 그는 예배당 제단을 장식하고 있던 신과 성인의 형상을 모두 파괴하고 촛불도 껐다. 그러고는 잠시도 지체하지 않고 뷔히너(Georgre Büchner, 1813~37, 독일 극작가로 자연주의와 표현주의의 선구자)와 몰레쇼트(Jacob Moleschott, 1822~93, 네덜란드 생물학자이며 속류유물론자) 같은 무신론 철학자들의 저서로 빈자리를 채우고 다시 경건하게 촛불을 켰다. 그러나 그가 종교적 신념의 대상을 바꿨다고 해서 그의 종교적 감정이 진정코 달라졌다고 할 수 있을까?

다시 말하지만, 군중의 확신이 결국에는 드러내는 이런 종교적 형태를 알아야만 역사적 사건을 이해할 수 있다. 특히 가장 중요한 사건일수록 더욱 그렇다. 박물학자의 시선이 아닌 심리학자의 시선으로 연구해야만 하는 사회현상이 있다. 위대한 역사학자인 이폴리트 텐조차 그저 박물학자의 시선으로만 프랑스 대혁명을 연구했기에, 발생한 사건들의 진정한 원인을 파악할 수 없었다. 텐은 사건 자체는 완벽하게 관찰했지만 군중심리를 연구하지 않았기 때문에 사건의 근원으로 거슬러 올라갈 수는 없었다.

프랑스 대혁명의 잔인하고 무질서하며 가혹한 측면에 경악한 텐은 이 위대한 시기의 영웅들이 그저 본능에 빠져 미쳐 날뛰는 광폭한 야만인 무리에 불과하다고 생각했다. 프랑스 대혁명의 폭력성과 학살, 선동 욕구, 모든 군주를 상대로 던진 선전포고는 대혁명이 군중의 마음에 새로운 종교적 신념으로 깃드는 과정이었다고 보아야 제대로 이해할 수 있다.

대혁명, 성 바르톨로메오 축일의 대학살, 종교전쟁, 종교재판, 공포정치는 모두 종교적 감정에 사로잡혀서 이 새로운 신념을 거스르는 사람들을 무력으로 무자비하게 샅샅이 찾아내려던 군중이 완성했다. 종교재판은 자신의 믿음이 옳다고 진정으로 믿는 사람들이 행동에 나선 방식이었다. 다른 방법을 썼더라면 진정으로 믿는 자들이 아니었을 것이다.

지금까지 언급한 사건들과 유사한 대혼란은 군중의 정신이 충동질해야만 가능하다. 모든 권력을 틀어쥔 극악한 전제군주도 그런 격변을 일으킬 수 없다. 성 바르톨로메오 축일의 대학살을 왕 혼자서 저질렀다고 보는 역사학자들은 왕의 심리는 물론 군중심리도 모른다는 걸 스스로 인정하는 셈이다. 그런 격변은 오직 군중의 영혼만이 불러올 수 있다. 가장 강력한 군주의 절대 권력도 고작 격변 시기를 당기거나 늦출 수 있을 뿐이다.

왕들이 성 바르톨로메오 축일의 대학살도 종교전쟁도 일으킨 게 아니듯이, 공포정치도 로베스피에르나 당통(Georges Danton 1759~94, 프랑스 대혁명 시기 정치인), 생쥐스트(Louis Antoine Léon Florelle de Saint-Just, 1767~94, 프랑스 대혁명 시기 정치인으로 급진파의 혁명가)가 자처한 게 아니었다.

이들 사건 뒤에는 언제나 왕의 권력이 아닌 군중의 영혼이 있었다.

Psychologie des foules

2부

군중의 의견과 신념

군중의 의견과 신념에 영향을 미치는 간접 요인

1부에서 우리는 군중의 정신구조에 대해 알아보았다. 이제 우리는 군중이 어떻게 느끼고 생각하고 추론하는지 파악하고 있다. 지금부터는 군중이 의견과 신념을 어떻게 형성하고 확립하는지 살펴보자.

군중이 의견과 신념을 얻는 데 영향을 미치는 요인은 간접 요인과 직접 요인으로 나눌 수 있다.

간접 요인은 군중이 어떤 확신은 받아들이지만 어떤 확신은 자신들 정신에 침투하지 못하도록 차단하게 만든다. 이 요인은 새로운 사상이 금방이라도 움틀 수 있는 기반을 마련하기도 한다. 새로운 사상은 겉으로 보기에만 자연발생적일 뿐, 그 세력과 결과는 어마어마하다. 군중 안에서는 하나의 사상이 급작스럽게 폭발하며 작동하기도 한다. 이런 현상은 빙산의 일각이므로, 그뒤에서 사전에 어떤 작업이 오랫동안 진행되어왔는지 밝혀내야 한다.

직접 요인은 방금 언급한 간접 요인과 결합해서 군중에게 강렬한 충동을 일으키는 요소다. 직접 요인이 없으면 간접 요인은 아무런 영향도 미치지 못한다. 집단을 느닷없이 봉기하게 만드는 돌발적인 결의도 바로 이 직접 요인에서 출발한다. 폭동을 일으키거나 파업을 결정하고 절대다수가 한 인물을 권좌에 앉히거나 정부를 전복하게 만드는 것도 직접 요인이다.

역사적으로 중요한 사건을 돌아보면 간접 요인과 직접 요인이 연쇄작용을 일으켰고, 이 점은 우리도 쉽게 확인할 수 있다. 가장 인상적인 사건 중 하나인 프랑스 대혁명의 간접 요인은 철학자들의 글과 귀족의 수탈, 과학사상의 발달이었다. 이렇게 간접 요인이 예열해놓은 군중의 정신은 웅변가의 연설이나, 왕당파가 내놓은 하잘것없는 개혁안에 맞서는 저항 등 직접 요인에 쉽게 자극받았다.

간접 요인에는 군중의 신념과 의견 밑바탕에 있는 일반적 요인도 포함된다. 바로 민족, 전통, 시간, 제도 그리고 교육이다.

다양한 요인의 역할을 하나씩 살펴보자.

1. 민족

민족은 그 자체로 다른 모든 요인보다 중요하기 때문에 가장 먼저 다뤄야 한다. 하지만 내가 이미 다른 책에서 충분히 살펴보았기 때문에 여기서 다시 언급할 필요는 없을 듯하다. 앞서 발표한 책에서 역사적 민족이 무엇인지 알아보았고, 일단 형성된 민족의 기질이 유전법칙에 따라 강력한 힘을 형성해가는 과정도 짚어보았다. 또한 신념과 제도, 예술을 포함한 문명의 모든 요소는 그저 민족정신이 표출된 결과라는 점도 확인했다. 민족의 힘이 몹시도 막강해서 근본적인 변화를 겪지 않으면 문명의 어떤 요소도 한 민족에서 다른 민족으로 전이될 수 없다는 점도 증명했다.[6] 한 시기의 환경과 상황, 사건은 당시의 사회적 암시를 대변하기 때문에 막강한 영향력을 미칠 수 있지만, 그 암시가 민족의 암시, 즉 선조에게 대대로 물려받은 암시와 어긋나면 늘 그렇듯 일시적인 영향력에 그친다.

앞으로 이 책의 다른 장에서도 민족이 미치는 영향을 언급하며 그 위력이 군중의 고유한 특징을 압도할 정도로 막강하다는 사실을 밝힐 생각이다. 그래서 국가마다 군중은 신념과 행동에서 큰 차이를 보이

---

6 이 주장은 무척 새로우며, 이런 내용을 배제하면 역사를 이해하기 힘들기에 나는 졸저 『민족발달의 심리법칙』에서 여러 장을 할애해 이 주장을 논증했다. 그 내용을 읽어보면 겉으로 보이는 양상과 달리 언어, 종교, 예술 등의 문명 요소는 전혀 변형되지 않은 채 한 민족에서 다른 민족으로 전이될 수 없다는 사실을 알게 될 것이다.

며 동일한 방식으로 영향을 받지 않는다는 사실도 증명하려고 한다.

2. 전통

전통은 과거의 사상과 욕구, 감정을 대변한다. 또한 민족의 총체로서 우리를 무겁게 내리누른다.

과거가 생명체의 진화에 지대한 영향을 미친다는 사실을 발생학에서 입증한 뒤로, 생물학도 큰 변화를 겪었다. 이 개념이 널리 퍼지면 역사학도 적잖은 변화를 맞이할 것이다. 하지만 이 개념이 아직 충분히 확산하지 않아서 수많은 정치인이 지난 세기의 사상, 즉 사회는 과거와 단절될 수 있으며 이성의 빛을 쐬고 완전히 새롭게 다시 태어날 수 있다는 견해에 머물러 있다.

민족은 과거가 만들어낸 유기체이므로, 모든 유기체와 마찬가지로 과거로부터 물려받은 특성이 서서히 쌓여야만 변화할 수 있다.

인간, 특히 군중을 이룬 인간을 이끄는 것은 전통이다. 그리고 이미 여러 차례 강조했듯이, 우리가 손쉽게 바꿀 수 있는 것은 그저 전통의 이름과 외형뿐이다.

그렇다고 안타까워할 필요는 없다. 전통이 없으면 민족혼도 없고 문명도 꽃필 수 없다. 인간은 처음 존재할 때부터 전통의 관계망을 구축해놓고, 효력이 다하면 전통을 파괴하는 데 주력해왔다. 전통이 없으면 문명도 없듯이, 전통을 서서히 밀어내지 않으면 진보도 이룰 수 없다. 안정과 변화 사이에서 균형을 찾기란 어려운 일이다. 정말 엄청나게 어렵다. 한 민족 안에서 관습이 여러 세대를 거치며 지나치게 단단히 틀어박히면, 이 민족은 더는 변화하지 못하고 중국처럼 개선 능력까지 잃어버린다. 격렬한 혁명이 일어나도 아무런 소용이 없다. 끊긴 사슬의 파편들이 다시 결합하듯 과거가 꿈쩍도 않고 절대적 지배권을 되찾든지, 파편이 흩어진 채로 남아 곧장 무정부 상태에서 쇠퇴의 길로 접어들 것이기 때문이다.

그래서 과거의 제도를 유지하며 눈에 띄지 않을 만큼 조금씩 바뀌가는 것이 모든 민족의 이상이다. 하지만 이 경지에 도달하기는 쉽지 않다. 고대 로마인과 현대 영국인이 거의 유일하게 이런 이상을 달성한 민족이다.

전통사상을 집요하게 고집하며 변화에 완강하게 반대하는 보수주의자는 바로 군중, 특히 특권계급의 군중이다. 나는 앞서 군중이 지닌 보수 성향을 강조했고, 지극히 험악한 폭동도 겨우 이름 몇 가지 바꾸는 데 그친다는 점을 밝혔다. 지난 세기말에 교회가 파괴되고 사제들이 추방되거나 단두대에서 처형되는 등 세계 곳곳에서 가톨릭교회가 박해받는 모습을 지켜보면서 아마도 낡은 종교사상이 힘을 잃었다고 생각했을 것이다. 하지만 몇 년이 채 지나지 않아서, 대다수의 요구에 못 이겨 폐지되었던 종교 예배는 부활할 수밖에 없었다.[7] 잠시 사라졌던 낡은 전통이 영향력을 되찾은 것이다.

전통이 군중심리에 미치는 힘을 이보다 더 잘 보여주는 사례는 없다. 우리 정신을 지배하는 것은 신전에 모셔둔 가공할 우상도, 왕궁에 군림하는 가장 포악한 전제군주도 아니다. 우상이나 전제군주는 한순간에 무력해질 수 있다. 하지만 우리 영혼에 군림하는 보이지 않는 지배자는 어떤 저항에도 흔들리지 않는다. 다만 오랜 세월에 걸쳐 쇠퇴하다 사라질 뿐이다.

3. 시간

생물학적 문제와 마찬가지로 사회문제에 가장 강력하게 영향을 미치는 요인 중 하나가 바로 시간이다. 시간은 단 하나의 진정한 창조자이자 거대한 파괴자다. 모래알로 산을 쌓고 지질시대의 하찮은 세포

---

7 이폴리트 텐은 이 방침을 적극 옹호한 전 국민공회 의원 푸르크루아(Antoine François Four-croy, 1755~1809)의 말을 인용했다. "주일을 지키고 교회에 다니는 사람을 곳곳에서 볼 수 있다는 사실은 프랑스인 대다수가 오래된 관습으로 돌아가고 싶어 한다는 증거다. 이런 국가적 흐름을 거스르기에는 이미 늦었다. …… 프랑스인 대부분은 종교와 예배, 신부가 필요하다. 교육이 충분히 보급되면 종교적 편견을 타파할 수 있다고 믿는 것은 현대 철학자들이 저지르는 오류다. 나 또한 이렇게 배웠다. 종교는 그야말로 불행한 사람 대다수에게 위안의 원천이다. 따라서 대다수 국민을 위해 신부와 제대, 예배는 그대로 두어야 한다."

에서 존엄한 인간으로 진화를 일으킨 것도 시간이다. 오랜 시간이 개입하면 어떤 현상도 변화할 수 있다. 시간만 있으면 개미도 몽블랑산을 평평하게 깎을 수 있다는 경구도 있다. 마음껏 시간을 다룰 수 있는 마법의 힘을 지닌 사람은 신자들이 오직 신에게만 있다고 믿는 권능까지 얻게 될 것이다.

하지만 여기에서 우리는 군중이 의견을 형성하는 데 시간이 미치는 영향만 살펴볼 것이다. 이 영향은 실로 엄청나다. 민족처럼 거대한 힘은 시간이 개입하지 않으면 형성될 수 없기에 시간의 지배를 받는다고 할 수 있다. 시간이 모든 신념을 잉태하고 키우고 사라지게 한다. 모든 신념은 시간 덕분에 힘을 얻고 시간 탓에 힘을 잃는다.

군중이 의견과 신념을 형성하는 데 필요한 준비작업을 하는 것도 시간이다. 말하자면 의견과 신념이 싹틀 수 있는 토양을 마련하는 셈이다. 그래서 한 사상이 어느 시대에는 꽃피우지만 다른 시대에는 움트지 못할 수도 있다. 시간이 신념과 사고의 잔재를 대거 축적해야 그것을 토대로 한 시대의 사상이 탄생하기 때문이다. 사상은 우연히 혹은 아무렇게나 생기지 않는다. 제각기 과거에 뿌리를 내리고 있다. 사상이 꽃을 피운다는 얘기는 시간이 사상을 틔울 준비를 해놓았다는 뜻이다. 따라서 사상의 기원을 알려면 시간을 거슬러 올라가야 한다. 요컨대 사상은 과거의 딸이고 미래의 어머니지만, 언제나 시간의 노예다.

그래서 시간이야말로 우리의 진정한 지배자다. 시간이 흐르도록 내버려두기만 하면 모든 것이 변화하는 모습을 볼 수 있다. 오늘날 우리는 군중이 드러내는 위협적인 열망과 그 열망이 예고하는 파괴와 동요를 우려한다. 오로지 시간만이 혼자서 균형을 되찾을 수 있을 것이다. 프랑스 역사학자인 에르네스트 라비스(Ernest Lavisse, 1842~1922)는 이렇게 정확히 지적했다. "어떤 체제도 하루아침에 세워지지 않는다. 정치조직과 사회조직이 형성되는 데는 수 세기가 걸린다. 봉건제도는 전성기를 누리기 전까지 수 세기 동안 형태가 없는 무질서한 상태로 존재했다. 절대군주제 또한 제대로 된 통치 수단을 찾기까지 수십 년이 걸렸고, 이 기다림의 시간 동안 심각한 혼란을 겪었다."

4. 정치제도와 사회제도

제도가 사회의 결함을 개선할 수 있고, 헌법과 정부가 완전해지면 민족도 진보하며, 법령으로 사회를 바꿔갈 수 있다는 발상은 지금도 여전히 널리 퍼져 있다. 이런 생각은 프랑스 대혁명의 출발점이었고 여러 사회이론의 근거가 되었다. 그동안 수없이 경험했는데도 이 위험한 망상은 전혀 타격을 받지 않았다. 철학자와 역사학자들이 이 망상의 불합리함을 증명하려고 애썼지만 헛수고였다. 그래도 제도가 사상과 감정, 관습의 합작품이며, 법전을 다시 쓴다고 해도 달라지지 않는다는 점을 밝히기는 어렵지 않았다. 눈동자나 머리카락 색을 결정할 수 없듯이 제도도 마음대로 선택할 수 없다. 제도와 정부는 민족의 산물이다. 시대의 창조자가 아니라 시대의 피조물이다. 민족은 통치제도를 변덕 부리듯이 골라잡지 않고 민족의 기질이 요구하는 대로 선택한다. 정치체제를 형성하는 데 수 세기가 걸리고 이 체제를 바꾸는 데도 수 세기가 걸린다. 제도는 그 자체로 어떤 미덕도 없다. 좋지도, 나쁘지도 않다. 특정 시기에 특정 민족에게 바람직했던 제도가 다른 시기에 다른 민족에게는 가증스러운 제도가 될 수 있다.

게다가 민족은 누구라도 제 민족의 제도를 실질적으로 바꾸지 못한다. 치열한 혁명을 대가로 제도의 명칭은 바꿀 수 있을지언정 제도의 근본은 움직이지 못한다. 제도의 명칭은 무의미한 이름표일 뿐이어서 문제의 핵심에 한발이라도 다가가려는 역사학자라면 깊이 관심 둘 필요가 없다. 예를 들어 세계에서 가장 민주적인 국가인 영국[8]은 입헌군주제를 채택했고, 가장 폭압적인 독재정치를 겪고 있는 중남미의 여러 공화국은 공화제를 선택했다. 결국 민족의 운명을 결정하는 것은 민족성이지 통치체제가 아니다. 나는 앞서 발표한 책에서 명확한 사례를 근거로 들어 이런 관점을 확립하고자 했다.

---

8 이 견해는 미국에서 가장 진보 성향이 강한 공화주의자들도 인정한다. 영국 월간지 《리뷰 오브 리뷰(Review of Reviews)》 1894년 12월호에 따르면 미국 잡지 《포럼(Forum)》도 이와 같은 견해를 단호히 표명했다. 인용한 구절은 다음과 같다. "귀족정치를 가장 혐오하는 사람들도 포함해서 우리는 영국이 세계에서 가장 민주적이며 개인의 권리를 가장 존중하고 개인이 자유를 가장 많이 누리는 국가라는 사실을 잊어서는 안 된다."

따라서 제도의 모든 조각을 완벽하게 만들어서 짜 맞추려고 시간을 허비하는 건 무지한 수사학자가 자처한 유치하고 쓸데없는 헛고생이다. 우리가 현명하게 필요와 시간이 작용하도록 내버려두면 이 두 요소가 알아서 제도를 구상하고 만든다. 영국의 역사학자인 토머스 매콜리(Thomas Babington Macaulay, 1800~59)는 자신의 저서에서 앵글로색슨 민족이 그렇게 했다고 밝히고 모든 라틴계 국가의 정치인들이 이 점을 명심해야 한다고 일갈했다. 매콜리는 순수이성의 관점에서 볼 때 불합리와 모순이 난무해서 혼란스러운 법도 우리에게 제공할 수 있는 이점을 짚어본 다음, 유럽과 중남미에 있는 라틴계 열두 국가에서 채택했다가 국민의 격렬한 반발에 부딪쳐 무너진 제도와 영국의 제도를 비교했다. 그리고 영국의 제도는 사변적 추론이 아닌 당장의 필요에 따라 아주 서서히 부분적으로 바뀌어왔다고 밝혔다. "균형은 걱정하지 말고, 유용성을 최대한 고려하라. 단지 변칙이라고 해서 변칙을 제거하지 말라. 조금 불편하다고 개선하지 말라. 개혁은 불편을 해소할 정도로만 하고, 개선해야 하는 특수한 경우를 벗어나는 제안은 하지 말라. 이것이 존왕(영국의 자유와 법, 민주주의의 초석이라고 할 수 있는 '마그나카르타'를 승인한 영국의 군주 - 역주) 시대부터 빅토리아 시대까지 의회에서 250여 차례 의결할 때마다 지켜온 규칙이다.

법과 제도가 민족의 필요성을 얼마나 표출하고 있으며, 그래서 갑작스레 바뀔 수 없다는 점을 확인하려면 각 민족의 법과 제도를 하나씩 들여다봐야 한다. 이를테면 우리는 중앙집권제의 장단점을 철학적으로 지루하게 늘어놓을 수 있다. 하지만 다양한 인종으로 구성된 민족이 천 년의 시간을 들여 차츰차츰 중앙집권제를 실현했다는 점을 알게 되면, 또한 과거의 모든 제도를 부숴버리기 위해 일어난 대규모 혁명이 중앙집권제를 받아들이는 데 그치지 않고 더욱 강화했다는 점을 확인하면, 중앙집권제는 절박한 필요의 소산이며 국가가 존재하는 조건이었다는 사실을 이해할 수 있다. 하물며 중앙집권제를 파괴해야 한다고 주장하는 정치인들의 편협한 지적 수준을 불쌍히 여기게 될 것이다. 중앙집권제를 파괴하는 데 성공한다 한들, 이는 이전보다 더욱 강력한 중앙집권제를 몰고 올 끔찍한 내전의 서막일 뿐이다.[9]

지금까지 살펴보았듯이, 군중의 정신에 깊숙이 영향을 미칠 수단을 제도에서 찾으면 안 된다고 결론 내릴 수 있다. 미국은 민주적인 제도를 갖추고서 높은 수준의 번영을 누리지만, 여러 라틴계 공화국은 거의 유사한 제도를 채택하고도 가장 침울한 무정부 상태에 놓여 있다. 따라서 제도는 미국의 번영과 라틴계 국가들의 쇠퇴하고는 관련이 없다. 민족은 각자 고유한 특성의 지배를 받기 때문에 그 특성에

---

9 프랑스의 여러 정당을 갈라놓은 종교·정치적 대립의 원인이었던 민족문제와, 프랑스 대혁명 시기에 뚜렷이 나타났다가 프로이센-프랑스 전쟁이 끝나갈 때쯤 다시 고개를 들기 시작한 분리주의 성향을 비교하면 프랑스 영토에서 살아가는 여러 민족이 융합하기에는 아직 한참 멀었다는 사실을 알 수 있다. 대혁명 당시의 강력한 중앙집권화 그리고 예전의 지방 단위를 인위적인 행정 단위로 통합한 일은 매우 유익한 작업이었다. 오늘날 앞을 내다보지 못하는 사람들이 그토록 떠들어대는 지방분권화가 시작되면 곧바로 유혈사태를 부르는 불화가 생겨날 것이다. 이 사실을 깨닫지 못하면 프랑스 역사를 잊은 것과 같다.

맞지 않는 제도는 빌려 입은 옷이나 임시방편으로 칠한 분장과도 같다. 물론 성자의 유물처럼 행복을 가져다주는 초자연적인 힘이 있다는 제도를 강요하기 위해 참혹한 전쟁과 격렬한 혁명이 일어났고, 지금도 진행 중이다. 이처럼 제도가 혼란을 불러오기 때문에 한편으로는 군중의 정신에 영향을 미친다고 볼 수 있다. 하지만 엄밀히 말해서 그렇지는 않다. 우리가 알고 있듯이 제도는 성공했건 실패했건 그 자체로는 아무런 효력도 없기 때문이다. 군중의 마음에 영향을 끼친 건 환상과 언어, 특히 언어다. 곧 살펴보겠지만, 비현실적이고 강렬한 언어는 군중을 사로잡는 놀라운 힘을 행사한다.

5. 학습과 교육

앞서 우리는 한 시대를 풍미하는 사상은 드물지만 막강한 세력을 떨친다는 점을 확인했다. 때로는 순전한 착각으로 드러나는데, 그중 오늘날 가장 대표적인 사상 가운데 하나가 바로 교육을 통해 사람을 완전히 바꿀 수 있다는 주장이다. 말하자면, 교육을 통해 인간이 향상되고, 나아가 평등해질 수 있다는 사상이다. 이 주장은 끊임없이 되풀이되어, 결국 민주주의의 가장 확고한 정설이 되었다. 과거에 교회의 교리를 문제 삼기 어려웠듯이, 이 정설도 공격하기 어려울 것이다.

다른 많은 부분과 마찬가지로 이 대목에서도 민주주의 사상은 심리학과 경험이 제시하는 사실과 크게 충돌한다. 허버트 스펜서를 포함해 저명한 철학자들은 교육을 받는다고 인간이 행복해지거나 도덕 수준이 높아지지 않으며, 교육이 인간의 본성과 대대로 물려받은 열망을 바꾸지 못할뿐더러 잘못된 방향으로 계획되면 유용하기보다 도리어 독이 된다는 점을 어렵지 않게 증명해 보였다. 통계학자들도 교육이 보편화하면서 범죄 발생률이 증가했고, 사회의 최대 적이라 할 수 있는 무정부주의자들이 흔히 학교에서 상을 받았다는 자료를 제시하며 이런 주장에 힘을 실었다. 저명한 치안판사인 아돌프 기요에 따르면 현재 문맹인 범죄자가 천 명인 데 비해 교육을 받은 범죄자는 3천 명이며, 최근 50년 동안 범죄자 수가 인구 40만 명당 227명에서 552명으로 133퍼센트나 증가했다. 아돌프 기요와 모든 동료 판사는 기존 도제교육 대신 실시한 무상 의무교육을 받은 청소년의 범죄율이 특히 증가했다고 밝히기도 했다.

잘 설계된 교육이 도덕성을 함양하지는 못하더라도 전문 역량을 키울 수 있는 유용하고 실질적인 결과를 가져다준다는 점은 틀림없는 사실이다. 하지만 지금까지 이렇게 주장한 사람은 아무도 없었다. 안타깝게도 라틴계 민족은 적어도 25년 전부터 완전히 잘못된 원칙에 근거해서 교육을 실시해왔다. 뛰어난 학자들이 지적했는데도 이들은 통탄할 만한 오류를 완강하게 고집하고 있다. 나도 여러 권의 저서에서 현재 우리 교육제도가 학생 대부분을 사회의 적으로 돌리고 가장 나쁜 형태의 사회주의를 신봉하게끔 키우고 있다고 지적했다.

콕 짚어 라틴식이라고 부를 수 있는 이 교육이 안고 있는 첫 번째 위험은 심리학의 근본적인 오류, 즉 교과서를 외워서 지능을 발달시킬 수 있다는 주장에 근거하고 있다는 점이다. 그래서 학생들은 최대한 많이 외우려고 애써야 했다. 초등학교에 입학해서 박사학위를 받을 때까지 젊은이들은 주도적으로 아이디어를 내거나 판단력을 기르는 대신 책을 달달 외우기만 할 뿐이다. 이 젊은이들에게 교육은 그저 암송하고 순종하는 제도다. 프랑스의 전직 공교육부 장관인 쥘 시몽(Jules Simon, 1814~96)은 이렇게 지적했다. "수업을 듣고, 문법이나 요약문을 외우고, 열심히 복습하고 따라 하는 방식은 스승에게 오류가 없다고 믿는 신앙 활동이며, 우리를 깎아내리고 무력하게 만드는 괴상한 교육이다."

만약 이 교육이 단지 무익하기만 하다면, 초등학교에서 반드시 배워야 할 내용 대신 프랑크 왕국 클로타르 왕가의 가계도나 네우스트리아와 아우스트라시아(유럽 중세 초기 프랑크 왕국 메로빙거 왕조 시대에는 왕국의 서부를 네우스트리아, 동부를 아우스트라시아라고 불렀다 - 역주)의 분쟁, 동물분류법을 익히는 불쌍한 아이들을 동정하는 선에서 그칠 수 있다. 하지만 라틴식 교육은 훨씬 더 위험하다. 교육을 받은 사람이 타고난 환경을 극도로 혐오하고 거기서 빠져나오려는 강렬한 욕망에 휩싸이기 때문이다. 노동자도 더는 노동자로 남으려 하지 않고, 농부도 더는 농부이고 싶어 하지 않는다. 중위계층에서도 최하층에 속하는 사람들은 자녀가 선택할 수 있는 직업은 오직 국가로부터 임금을

받는 공무원뿐이라고 생각한다. 학교는 학생들이 자신의 삶을 살아
갈 수 있도록 돕는 대신, 인생의 진로를 주도적으로 결정하거나 창의
성을 발휘하지 않아도 성공할 수 있는 공무원이 될 준비를 시킨다. 현
재 교육은 자신의 처지에 불만을 품고 언제라도 폭동을 일으킬 준비
가 되어 있는 프롤레타리아를 사회계층 맨 아래에서 양산한다. 사회
계층 상부에는 경박하고 회의적이면서도 뭐든 쉽게 잘 믿는 부르주아
가 있다. 그들은 복지국가를 맹목적으로 신뢰하되 끊임없이 반항하
며 자기 잘못도 정부 탓으로 돌리지만, 정작 정권이 개입하지 않으면
아무것도 시작하지 못한다.

국가는 교과서로 수많은 학위 취득자를 양산하지만 이들 중 소수
만을 고용할 뿐, 나머지는 실업으로 방치한다. 결국 국가는 고용한 사
람들만 먹여 살리느라 무직인 사람들은 적으로 돌린다. 사회구조의
피라미드 위에서 아래까지, 말단 서기에서 교수나 도지사까지, 학위
를 취득한 엄청난 무리가 일자리를 찾아 몰려든다. 기업가가 식민지
에 파견할 직원을 찾으려면 하늘의 별 따기만큼 어렵지만, 말단 공무
원 자리에는 수천 명이 지원한다. 교원 자격증이 있어도 학교를 배정
받지 못한 교사가 센(Seine)구에만 2만 명에 이르지만, 이들은 농사를
짓거나 공장에서 일하기를 창피해하며 정부에 살길을 마련해 달라고
요구한다. 채용 인원이 적은 탓에 불만을 품은 사람이 많을 수밖에 없
다. 이들은 지도자가 누구건 목적이 무엇이건 상관없이 언제라도 폭
동을 일으킬 준비가 되어 있다. 직업을 찾는 데 도움이 되지 않는 지

식 습득은 필연적으로 사람을 폭도로 만든다.[10]

이런 흐름을 거스르기에는 너무 늦었다. 민족의 마지막 교육이라 할 수 있는 경험만이 우리의 실수를 깨우쳐줄 터이다. 오직 경험만이 지긋지긋한 교과서와 가련한 경쟁시험을 직업교육으로 대체해야 한다고 증언할 수 있다. 직업교육은 단연코 젊은이들을 그들이 기피하던 농촌이나 식민지 기업의 공장으로 유도할 수 있다.

오늘날 모든 지식인이 요구하는 직업교육은 우리 조상이 받았던 교육이며, 의지와 진취성과 기업가정신으로 세계를 지배하는 민족들이 지금도 그대로 유지하는 교육이다. 위대한 사상가 이폴리트 텐은 프랑스의 과거 교육방식이 오늘날 영국과 미국이 실시하는 방식과 거의 같다는 점을 분명하게 지적했다. 나아가, 라틴계 국가의 교육제도와 앵글로색슨계 국가의 교육제도를 비교하고 두 제도가 불러온 결과까지 보여주었다. 이와 관련된 텐의 글은 핵심 부분만 발췌해서 곧 인

---

10 이는 비단 라틴계 민족에만 나타나는 현상이 아니다. 확고한 계급체계로 운영되고 프랑스처럼 두꺼운 교과서를 완벽하게 암송하는 것이 고위 관리가 되는 유일한 길인 중국에서도 이런 현상이 나타난다. 오늘날 중국에서 학식 있는 실업자들은 국가적 재앙으로 여겨진다. 인도도 그렇기는 마찬가지. 영국인은 자국에서처럼 교양을 가르치기 위해서가 아니라 원주민에게 기초지식만을 주입하려고 인도에 학교를 세웠고, 그 결과 '바부'라는 특수한 계층이 형성되었다. 바부는 취업이 안 되면 영국의 통치를 반대하는 불구대천의 원수가 되었다. 취업 여부와 상관없이 영국이 실시한 교육으로 바부의 도덕성은 크게 낮아졌다. 이 현상은 내가 『인도의 문명(Les Civilisations de l'Inde)』에서 길게 강조한 내용이며, 그 거대한 반도를 방문한 모든 작가가 목도한 사실이다.

용하겠다.

우리의 전통적인 교육방식이 낙오자와 불평분자만을 양성하더라
도 그 많은 지식을 피상적으로나마 습득하고 그 많은 교과서를 달달
외우는 방식이 지식 수준을 높여준다면, 그 방식의 단점을 부득이 받
아들여야 한다고 주장하는 사람도 있을 것이다. 하지만 이 전통적인
교육방식이 정말로 지식 수준을 높여줄까? 결코 그렇지 않다! 우리 인
생에서 성공을 결정짓는 조건은 판단력, 경험, 진취성 그리고 인성이
다. 책은 이런 조건을 충족해주지 않는다. 책은 필요할 때 참고하는
사전과 같으므로 달달 외우는 건 그야말로 쓸데없는 짓이다.

어떻게 직업교육이 전통적인 교육방식으로는 불가능한 수준으로
까지 지적 능력을 높여줄까? 이폴리트 텐이 그 방법을 확실하게 알려
준다.

"사상은 자연스럽고 정상적인 환경에서만 형성된다. 사상의 싹을
틔우는 것은 젊은이가 매일 공장과 광산, 법정, 집무실, 작업장에서
받는 인상이다. 공구와 재료로 작업하는 모습을 지켜보고, 고객과 노
동자를 만나고, 잘되거나 잘못된 작업 혹은 돈이 많이 들거나 고수익
이 기대되는 일을 살펴보면서 받는 인상이다. 이렇게 눈과 귀, 손, 코
로 자신도 모르게 내면에 받아들여서 은밀하게 다듬어진 수많은 섬세
한 지각이 모이면 곧 새로운 조합이나 단순화, 효율 혹은 개선과 발명

으로 이어지는 아이디어가 떠오른다. 오늘날 프랑스 젊은이들은 이 소중한 경험, 사회에 동화되는 데 필수인 요소들과 단절된 채로 살아간다. 가장 많이 배울 수 있는 나이에 일고여덟 해 동안 학교에 갇혀서 사람과 사물을 개인적으로 경험하지 못한다. 그 결과, 사람과 사물을 제대로 파악하고 다루는 다양한 방법을 배우지 못한다.

…… 젊은이 중 적어도 열에 아홉은 인생에서 효과적이고 결정적이기까지 한 여러 해를 허비한다. 게다가 시험에 응시한 사람의 절반 혹은 3분의 2는 실패한다. 합격자, 졸업자, 수료자, 학위 취득자 중 절반이나 3분의 2는 혹사당한다. 그들에게 엄청나게 많은 일이 주어지기 때문이다. 어떤 날은 책상의자에 앉거나 칠판 앞에서 두 시간 동안 인류의 모든 지식을 섭렵한 살아 있는 지식창고가 되기를 강요당한다. 실제로 이들은 그날 두 시간 동안 지식창고 역할을 하지만, 한 달이 지나면 그 역할도 더 할 수 없다. 또다시 시험을 치를 수도 없다. 머리에 쑤셔 넣은 지식이 많고 무거워서 끊임없이 흘러넘치건만 빈자리를 새로운 지식으로 채우지 않기 때문이다. 그들의 정신은 생기를 잃고 풍부했던 성장 잠재력도 시든다. 겉으로는 번듯하게 성숙해 보여도 이미 기력을 다했다. 이런 사람은 결혼도 했고 생활도 견실하지만, 결국 좁은 사무실에 갇혀 다람쥐 쳇바퀴 돌 듯 똑같은 일상을 반복하며 살아갈 것이다. 자기가 맡은 일은 정확하게 해내지만, 그게 전부다. 이것이 프랑스식 교육이 거둔 평균 인생이다. 당연히 투자한 노력에 비해 성과는 형편없다. 영국과 미국은 1789년 이전에 프랑스가

시행했던 것과 같은 교육 과정을 채택했고, 들인 노력에 상응하거나 더 높은 성과를 거두고 있다."

　저명한 역사학자인 텐은 이어서 프랑스의 교육제도와 앵글로색슨계 국가의 교육제도 사이의 차이점을 지적했다. 프랑스에는 수많은 특수학교가 있지만 앵글로색슨계 국가에는 없다. 이들 국가에서 교육은 책이 아닌 실습으로 이루어진다. 예를 들어, 기술자는 학교가 아닌 공장에서 양성한다. 이렇게 실습 위주로 교육하면 각자 지능 수준에 따라 직공이 될 수도 있고 감독이 될 수도 있으며, 적성이 맞으면 기술자가 될 수도 있다. 이런 교육방식은 열아홉이나 스무 살에 치르는 몇 시간의 시험으로 개인 인생을 결정하는 것보다 훨씬 더 민주적이고 유용하다.

　"병원, 광산, 공장, 건축사무소, 법률사무소에 어렸을 때 일찌감치 들어간 젊은이는 사무소 서기와 화실 도제처럼 학습과 실습을 반복하며 조금씩 차근차근 배워간다. 그들은 실습에 들어가기 전에 먼저 일반적이고 개괄적인 수업을 들으며 관찰에 필요한 기본 소양을 쌓는다. 개인 역량에 따라 자유시간에는 기술교육을 받고 일상의 경험을 학습한 내용과 결부할 수도 있다. 이런 제도 아래서 실무 능력이 강화되고 각자의 역량에 걸맞은 수준으로 발전할 수 있다. 또한 지금부터 적응하고 싶은 업무와 미래에 맡게 될 특정한 업무가 요구하는 방향으로 발전할 수도 있다. 이런 방식으로 영국과 미국의 젊은이들은 자신이 지닌 잠재력을 모조리 끌어낼 수 있다. 그래서 25세 혹은 더 어린 나이에 유능한 관리자가 되거나, 자원과 지원이 뒷받침되면 사업체를 직접 운영하는 기업가가 되기도 한다. 요컨대 기계의 일개 톱니바퀴가 아닌 기계를 돌리는 모터가 되는 것이다. 이와 상반된 교육을 실시하는 프랑스는 세대를 거듭할수록 중국을 닮아가고 있다. 결과적으로 막대한 인적 자원이 낭비되고 있다."

위대한 철학가 텐은 이어서 날로 커지는 프랑스 교육과 삶 사이의 괴리에 대해 다음과 같이 결론을 낸다.

"교육의 3단계, 즉 아동, 청소년, 청년 단계에서 교과서를 위주로 진행되는 이론 준비 과정은 시험과 성적, 학위, 졸업장을 위해 연장되고 가중된다. 이 준비 과정은 반자연적 그리고 반사회적 제도라는 최악의 방법으로 시행되며, 실무교육은 자꾸만 늦어지고, 기숙사 제도와 부적합한 훈련, 기계적인 학습에 치여 학생들은 과로로 쓰러진다. 게다가 이 과정에서 교육이 끝나고 성년이 되어 맡게 될 직무는 전혀 고려하지 않는다. 학생이 곧 뛰어들게 될 현실 세계에 대해서도, 적응하거나 미리 포기해야 하는 주변 사회에 대해서도, 사전에 필요한 실력을 갖추고 철저하게 훈련하며 단련해서 대비해야만 스스로를 보호하거나 버틸 수 있는 인간적 분투에 대해서도 전혀 가르치지 않는다. 프랑스 학교는 학생들에게 필요하고 다른 무엇보다도 중요해서 반드시 습득해야 하는 이런 교육을 제공할 수 없고, 상식과 의지와 용기를 가르치지도 않는다. 도리어 그 반대다. 사회에 나가 자리를 잡을 수 있는 결정적 요건을 갖추도록 돕기는커녕 자격을 박탈해버린다. 그래서 현실 세계에 나와 실무 영역에 첫발을 들여놓은 사회 초년생은 좌절의 고통을 잇따라 겪을 뿐이다. 결국 마음의 상처를 입고 위축된 채로 남아 있다가 때로는 회복 불가능한 낙오자가 되기도 한다. 처참하게 혹독하고 위험한 시련이 아닐 수 없다. 도덕적, 정신적 균형이 깨져서 다시는 회복하지 못할 수도 있다. 사무치게 처절한 환멸이 밀어닥쳐서 크나큰 실망과 지독한 좌절감을 느낀다."[11]

그런데 우리가 지금까지 논의한 교육문제는 군중심리와 한참 동떨어진 주제가 아닐까? 결코 그렇지 않다. 오늘날 싹트고 미래에 활짝 꽃피울 사상과 신념을 이해하려면 그 토양이 어떻게 준비되었는지 알아야 하기 때문이다. 한 국가의 젊은이가 받는 교육을 살펴보면 훗날

---

11 이폴리트 텐, 『현대 제도(Régime moderne)』 2권, 1894년 참조. 텐이 거의 마지막에 쓴 저서로 위대한 철학자의 오랜 경험이 훌륭하게 농축되어 있다. 하지만 안타깝게도 나는 외국에 체류한 경험이 없는 프랑스 대학교수들은 이 글을 이해할 수 없으리라 생각한다. 교육은 민족정신에 일말의 영향이라도 미칠 수 있는 우리의 유일한 수단이다. 프랑스의 현재 교육방식이 프랑스를 빠르게 쇠퇴시키는 위험 요인이며, 청소년을 북돋기보다 억누르고 타락시킨다는 사실을 이해하는 사람이 프랑스에 거의 없어 안타까울 따름이다. 우리는 최종적으로 텐의 견해와 폴 부르제(Paul Bourget)가 자신의 저서 『해외로(Outre-Mer)』에 기록한 미국 교육에 대한 고찰을 비교할 것이다. 그 자신도 프랑스의 교육이 주도적 역할도 의지도 없는 부르주아나 무정부주의자 즉 '무기력한 진부함이나 파괴적인 어리석음으로 실패하여 문명에 치명적인 두 가지 유형'을 만들어낼 뿐이라는 사실을 주목한 부르제는 쇠퇴의 공장이라고 할 수 있는 프랑스 고등학교와 학생이 자신의 삶을 살 수 있도록 훌륭하게 준비시키는 미국 학교를 비교한다. 그리고 이러한 비교는 우리가 반드시 숙고할 필요가 있다.

이 국가가 어떻게 변할지 전망할 수 있다. 프랑스에서 현세대가 받는 교육을 짚어보면 암울한 미래를 예측할 수밖에 없다. 교육과 학습으로 군중의 정신도 일정 부분 개선되거나 퇴색한다. 그래서 현재의 교육방식이 어떻게 군중의 정신을 재단하는지, 또한 무관심하고 중립적인 사람들 무리가 어떻게 해서 이상주의자와 수사학자들의 암시에 언제라도 복종할 수 있는 불평분자 세력으로 서서히 변모해가는지 살펴보아야 한다. 바로 학교에서 이들 불평분자와 무정부주의자가 자라고, 라틴계 국민에게 다가올 쇠락의 시대가 시작된다.

02

군중의 의견과 신념에
영향을 미치는 직접 요인

　이제까지 우리는 군중 안에서 특정한 감정이나 사상이 꿈틀대도록 군중의 정신에 특별한 감수성을 불어넣는 간접 요인을 살펴보았다. 지금부터는 군중의 정신에 즉시 영향을 미칠 수 있는 요인을 알아보자. 다음 장에서는 이들 요인을 어떻게 다뤄야 효과를 거둘 수 있는지도 짚어보겠다.

　1부에서 우리는 집단의 감정과 사상, 추론에 대해 알아보았다. 여기서 얻은 지식을 바탕으로 군중을 동요하게 만드는 방법을 간략하게 추론해볼 수 있다. 우리는 무엇이 군중의 상상력을 자극하는지, 특히 이미지 형태로 나타나는 암시의 전염성과 힘이 얼마나 강력한지 알고 있다. 그런데 암시가 일어나는 원인이 매우 다양해서 군중의 정신에 영향을 미칠 수 있는 요인도 무척 다양할 수 있다. 따라서 이들 요인을 하나하나 살펴봐야 한다. 이 작업은 쓸데없는 연구가 아니다. 군중은 고대 우화에 등장하는 스핑크스와 같아서, 우리는 군중심리가 제시하는 문제를 풀든지, 아니면 체념하고 군중에게 잡아먹혀야 한다.

1. 이미지, 단어, 경구

앞서 군중의 상상력에 대해 짚어보면서, 군중이 이미지에서 특히 강렬한 인상을 받는다는 점을 확인했다. 이런 이미지가 늘 주위에 널려 있는 건 아니지만, 단어와 경구를 적절히 사용해서 이미지를 떠올리게 할 수는 있다. 감쪽같이 조작된 단어와 경구에는 옛 연금술사의 주문처럼 신비로운 힘이 있다. 단어와 경구는 군중의 정신에 사나운 폭풍을 일으켰다가 한순간에 잠재울 수 있다. 단어와 경구에 희생된 사람들의 유골을 쌓아 올리면 쿠푸왕의 피라미드(이집트 최대의 피라미드로, 기자에 있다 - 역주)보다 더 높은 피라미드를 세울 수 있을 것이다.

단어의 힘은 단어에서 연상되는 이미지와 관련될 뿐, 단어의 실제 의미하고는 아무 상관없다. 때로는 의미를 정의하기 어려운 단어가 막강한 영향력을 행사하기도 한다. 이를테면 의미가 모호해서 정확하게 규정하려면 책 몇 권은 족히 쓰고도 남을 민주주의, 사회주의, 평등, 자유와 같은 용어가 그렇다. 하지만 마치 이들 단어가 모든 문제를 해결해주기라도 할 듯이 그 짧은 음절에 마법 같은 힘이 실린 것은 확실하다. 수많은 무의식적 열망과, 열망이 실현되기를 바라는 희망이 이들 단어에 담겨 있다.

이성과 논증은 단어와 경구에 맞서지 못한다. 군중 앞에서 특정한 단어를 경건하게 언급하는 즉시 군중은 존경심 가득한 표정을 지으며 머리를 조아린다. 많은 사람이 이것을 자연의 힘 혹은 초자연적 위력이라고 생각한다. 단어는 군중의 정신에 웅대하고 모호한 이미지를 심는다. 하지만 이 모호함이 영혼을 더욱 어지럽히고 단어에 신비한 힘을 보탠다. 모호함의 이런 위력은 성막 뒤에 감춰져 있어 신자들이 덜덜 떨면서 다가갈 수밖에 없는 두려운 신상과도 비교할 수 있다.

단어에서 연상된 이미지는 실제 의미와 무관해서, 동일한 경구에 쓰여도 시대와 민족에 따라 달라진다. 어떤 단어에는 특정한 이미지가 일시적으로 고정된다. 단어는 이미지를 나타나게 하는 호출기일 뿐이다.

모든 단어와 경구가 이미지를 떠올리게 하는 힘을 발휘하는 건 아니다. 한때 이미지를 연상시켰지만 그후 힘을 잃어서 더는 군중을 깨우지 못하는 단어와 경구도 있다. 그러면 결국 공허한 울림이 되는 터라, 그 단어나 경구를 쓰는 사람은 자동으로 이미지가 떠올라서 생각하는 수고를 덜 뿐이다. 우리가 젊은 시절에 경구와 일반적 논거를 얼마간 배워두면 필요할 때 꺼내 쓰면서 이것저것 골치 아프게 깊이 생각하지 않고도 인생을 살아갈 수 있다.

언어를 면밀히 살펴보면 그 언어를 구성하는 단어가 시간이 흐르면서 아주 서서히 변화하는 것을 알 수 있다. 하지만 단어가 연상시키는 이미지와 단어에 실리는 의미는 끊임없이 달라진다. 내가 앞서 발표한 책에서 결론 냈듯이 한 언어를, 특히 이미 사라진 민족의 언어를 완벽하게 번역하기는 불가능하다. 실제로 프랑스어 표현 하나를 라틴어나 그리스어, 산스크리트어로 번역하거나, 혹은 2~3세기 전의 프랑스어로 쓰인 책 한 권을 읽어내기 위해 우리는 어떻게 하고 있을까? 현대의 삶이 우리 머릿속에 심어준 이미지와 사상을 먼 옛날 우리와는 전혀 다른 생활조건에 있던 민족의 정신에 담긴 전혀 다른 개념과 이미지로 대체할 뿐이다. 프랑스 대혁명을 일으킨 사람들은 자신들이 그리스인과 로마인을 모방한다고 믿었지만, 사실은 옛 단어에 당시에는 없던 새로운 의미를 입혔을 뿐이다. 고대 그리스인의 제도와 오늘날 이 단어가 가리키는 제도 사이에 유사점이 있을까? 고대 그리스의 공화국은 노예로서 철저히 예속된 군중을 지배하던 소수 독재자가 통치하던 귀족제도다. 이런 지방자치적 귀족정치는 노예가 있어야만 성립하기에, 노예가 없었더라면 존재하지 못했을 것이다.

자유가 가능하리라고는 생각조차 할 수 없고 신 혹은 법률과 관습에 이의를 제기하는 처사보다 더 큰 죄가 없던 시대에 사용하던 자유라는 단어의 뜻이 오늘날 우리가 이해하는 자유의 뜻과 비슷할 수 있을까? 조국이라는 단어도 마찬가지다. 그리스를 구성하던 도시국가들이 서로 경쟁하며 전쟁을 벌일 때 아테네인과 스파르타인에게 조국은 그리스가 아닌 아테네와 스파르타를 숭배한다는 개념이었을 것이다. 고대 갈리아는 서로 다른 경쟁 부족, 종족, 언어와 종교로 분열되어 있었다. 그 덕분에 카이사르는 부족들 가운데서 동맹을 구해 이 지역을 쉽사리 정복할 수 있었다. 오직 로마만이 갈리아를 정치·종교적으로 통일해서 하나의 국가로 만들 수 있었다. 이런 갈리아인에게 조국은 무엇을 의미했을까? 고대 로마까지도 말고 딱 두 세기만 거슬러 올라가보자. 외세와 연합해서 프랑스 군주에게 맞선 대(大) 콩데 공작(le Grand Condé, 1621~86, 프랑스 부르봉 왕가의 방계 왕족으로 17세기 명장 중 한 명 - 역주)을 비롯한 대공들에게도 조국은 오늘날 우리가 생각하는 조국을 의미할까? 명예를 지키기 위해 프랑스와 대적한 망명자들에게도 조국의 의미는 오늘날과 다르지 않았을까? 그들의 관점에서 볼 때, 봉건법은 봉신을 땅이 아닌 영주와 연결 지으므로 영주가 있는 곳이 곧 조국이었다.

이렇게 시대에 따라서 의미가 크게 달라지기에, 오랫동안 노력을 다해야만 예전 의미를 헤아릴 수 있는 단어가 많다. 증조부가 살던 시대에 왕이나 왕족 같은 단어가 무엇을 의미했는지 파악하려면 수많은 책을 읽어야 한다는 조언은 괜히 나온 말이 아니다. 하물며 더욱 복잡한 단어는 어떻겠는가?

이런 까닭에 단어가 지니는 의미는 불안정하고 일시적일 수밖에 없다. 그래서 단어로 군중에게 영향을 미치려면, 단어가 그 시점에 군중에게 어떤 의미로 다가가는지 알아야 한다. 단어가 과거에 지녔던 개념이나 서로 다른 정신구조를 지닌 개인에게 가닿는 의미는 중요치 않다.

따라서 정치적 격변이 일어나거나 신념이 바뀌어서 군중이 어떤 단어를 듣고 떠오르는 이미지에 극심한 반감을 느낄 때, 진정한 정치인이라면 가장 먼저 그 단어부터 다른 단어로 바꿔야 한다. 물론 사물이나 사건 자체에는 손대지 않아도 된다. 거기에는 조상 대대로 물려받은 정신구조가 밀접하게 연결되어 있어, 바꾸기도 무척 힘들다. 현명한 토크빌(Alexis de Tocquevill, 1805~59, 프랑스의 정치철학자이며 역사학자)이 오래전 지적했듯이, 집정정부(프랑스 대혁명 시기에 나폴레옹이 쿠데타를 일으키고 수립해서 1799년부터 1804년까지 존립한 정부 - 역주)와 제1제정(나폴레옹이 수립해서 1804년부터 1814년까지 존립한 정부 - 역주)은 과거의 제도에 새로운 이름을 입히는 데 주력했다. 말하자면, 군중에게 거북한 이미지를 떠올리게 하는 단어를 새로운 단어로 교체한 셈이다. 그래서 인두세는 토지세, 가벨(gabelle, 14세기에 생겼다가 1946년에 폐지된 불공평하고 부당한 소금세의 다른 이름-역주)은 소비세, 상납금은 간접세와 종합세, 장인세와 동업조합세는 사업면허세로 바꾸었다.

따라서 정치인이 해야 할 가장 기본적인 역할 중 하나는 군중이 용납하지 못하는 과거의 명칭을 대중적이거나 적어도 중립적인 단어로 교체하는 일이다. 단어의 힘은 실로 막강해서, 지극히 혐오스러운 대상도 새로운 이름을 신중하게 선택해서 갖다 붙이면 군중이 받아들이게 된다. 이폴리트 텐 또한 정확히 지적했다시피, "자코뱅당도 당시 인기 많던 자유와 박애라는 단어를 운운하며 다호메이 왕국(서아프리카 베냉의 옛 이름)에서 일삼던 폭정과 맞먹는 전횡을 저질렀고, 종교재판소와 유사한 재판소를 설치했으며, 옛 멕시코에서 일어난 것과 같은 학살을 자행했다." 통치자는 변호사처럼 단어를 잘 다룰 줄 알아야 한다. 이 기술이 어려운 이유 중 하나는 한 단어의 의미가 해당 사회의 계층에 따라 달라지기 때문이다. 여러 계층이 동일한 단어를 쓰는 것처럼 보이지만, 사실은 전혀 다른 언어를 사용하는 셈이다.

앞서 사례를 제시하며, 우리는 단어의 의미가 변화하는 주요인이 시간이라고 설명했다. 그런데 민족도 단어의 의미가 달라지는 한 요인으로 작용한다. 동시대에 살며 같은 수준으로 문명화되었더라도 민족이 다르면 동일한 단어가 완전히 다른 의미를 가리키는 경우가 부지기수다. 여행 경험이 많은 사람이 아니고서는 이 차이를 이해할 수 없어서 이 지점은 더 고집하지 않고, 군중이 흔히 사용하는 단어의 의미가 민족에 따라 크게 다르다는 점만 지적하고 넘어가려고 한다. 그 대표적인 예가 오늘날 빈번하게 쓰이는 민주주의와 사회주의 같은 단어다.

실제로 이들 단어의 이미지와 뜻은 라틴계 민족과 앵글로색슨계 민족의 정신 안에서 완전히 상반된다. 라틴계 민족한테 자유라는 단어는 국가로 대표되는 공동체의 의지와 창의성 앞에서 개인의 의지와 창의성은 소멸한다는 의미다. 국가가 차츰차츰 모든 일을 주도하고, 중앙집권화하고, 독점하며 모든 것을 만들어낸다. 극좌나 극우, 사회주의, 군주주의 할 것 없이 모든 정당이 끊임없이 국가에 도움을 호소한다. 하지만 앵글로색슨계 민족, 특히 미국에서 자유라는 동일한 단어는 그와 반대로, 개인의 의지가 극도로 발달하고 그만큼 확실하게 국가가 소멸한다는 의미다. 치안과 군대, 외교 분야 말고는 그 어떤 것도, 심지어 교육도 국가의 개입을 허용하지 않는다. 다시 말해 어떤 민족에게는 개인의 의지와 창의성이 소멸하고 국가가 주도권을 쥔다는 뜻의 단어가 다른 민족에게는 개인의 의지와 창의성이 과도하게 발달하고 국가가 완전히 배제된다[12]는 걸 의미한다.

2. 환상

문명 초기부터 군중은 늘 환상의 영향을 받았다. 군중은 환상을 만들어낸 사람들을 숭배하기 위해 많은 신전과 조각상, 제단을 세웠다. 과거에는 종교적 환상이, 오늘날에는 철학, 사회적 환상이 지구에서 차례로 꽃피운 모든 문명의 맨 꼭대기에 올라서 있다. 이 환상의 이름

---

12 나는 『민족 발달의 심리적 법칙』에서 라틴계 민족과 앵글로색슨계 민족의 민주주의 이상이 드러내는 차이점에 대해 자세하게 설명했다. 부르제는 독자적으로 그리고 자신의 여행을 토대로 최근 저서 『해외로(Outre-Mer)』에서 나의 견해와 거의 유사한 결론에 도달했다.

으로 칼데아(바빌로니아 남부를 가리키는 고대의 지명)와 이집트에 신전이 들어서고 중세시대에 종교 건축물이 건조되었으며, 1세기 전에는 유럽 전체가 격변을 겪었다. 또한 우리의 모든 예술, 정치, 사회적 관념에도 환상의 흔적이 짙게 남아 있다. 인간은 이따금 끔찍한 대혼란을 치르고 나서 환상을 떨쳐내기도 했지만 언제든 다시 환상에 사로잡힐 수밖에 없는 형벌을 받은 듯하다. 환상이 없었더라면 원시적인 야만에서 벗어나지 못했을 것이다. 이 말은 곧 환상이 없으면 다시 야만으로 돌아가게 될 거라는 뜻이다. 확실히 환상은 공허한 그림자에 불과하지만 우리의 꿈이 만들어낸 이 환상이 있었기에, 민족은 위대한 문명을 창조하고 예술을 꽃피울 수 있었다.

한 작가는 환상에 대한 우리의 생각을 이렇게 요약한다. "우리가 종교적 영감을 받은 모든 예술작품과 기념물을 박물관과 도서관에서 파괴하고 광장에 던져버리면 인간의 위대한 꿈이 남긴 흔적 중 무엇이 남을까? 희망과 환상이 없으면 존재할 수 없는 인간에게 그 일부라도 선사하는 것이 신과 영웅, 시인이 존재하는 이유다.

지난 50년간은 과학이 그 과업을 맡아온 것처럼 보인다. 하지만 과학은 허황되게 약속하지도 거짓말을 할 줄도 모르기 때문에, 이상을 갈망하는 인간의 마음을 어루만지는 데 실패했다."[13]

---

13 다니엘 르쉬에르(Daniel Lesueur)

지난 세기에 활동한 철학자들은 우리 선조가 오랫동안 매달린 종교, 정치, 사회적 환상을 부수는 데 열정적으로 몰두했다. 이들 환상이 깨지면서 희망과 인고의 원천도 고갈되었다. 그렇게 환상이 사라지고 나니, 그들은 보지도 듣지도 못하는 자연의 힘을 찾아냈다. 그 힘은 약자도 동정할 줄 모르고 냉혹했다.

철학은 지금껏 커다란 진전을 이뤘지만, 군중을 매혹할 만한 이상을 아직 내놓지 못하고 있다. 그러나 군중은 어떤 대가를 치르더라도 환상이 있어야 하기에 불을 향해 달려드는 불나방처럼 환상을 보여주는 웅변가에게 본능적으로 끌린다. 민족이 진화해온 주요인은 진실이 아닌 오류였다. 오늘날에도 사회주의가 막강한 이유는 그것이 여태껏 살아 있는 유일한 환상이기 때문이다. 모든 것이 과학적으로 논증되는 오늘날에도 사회주의는 계속 성장하고 있다. 사회주의는 대담하게 행복을 약속해서 현실을 잘 모르는 사람들의 지지를 받는다. 오늘날 사회주의라는 환상은 과거가 쌓아온 모든 잔재 위에 군림하고 있고, 미래도 지배할 것처럼 보인다. 군중은 단 한 번도 진실에 목말라한 적이 없다. 자신을 불편하게 만드는 명백한 이치는 외면하고 자신의 마음을 사로잡는 오류를 신격화한다. 군중에게 환상을 심을 수 있는 사람은 단숨에 군중의 지배자가 된다. 반면 군중을 환상에서 벗어나게 하려는 사람은 언제나 그들의 희생양이 된다.

3. 경험

경험은 군중 머릿속에 진실을 확고하게 심어주고 지극히 위험한 환상을 지울 수 있는 거의 유일하고 유용한 방법이다. 하지만 대단히 많은 사람이 같은 일을 경험하고 이 경험이 자꾸만 반복되어야 효과를 거둘 수 있다. 일반적으로 한 세대가 얻은 경험은 다음 세대에게 소용이 없다. 그래서 논증의 증거로 제시되는 역사적 사실이 제 역할을 하지 못한다. 역사적 사실이 효용성을 얻으려면, 경험이 여러 세대에 걸쳐 수없이 반복되어야만 영향력을 행사할 수 있고 군중심리에 단단히 뿌리내린 오류에도 타격을 줄 수 있다는 점을 증명해야 한다.

지금 세기와 바로 앞 세기, 즉 19세기와 18세기는 미래의 역사학자들 사이에서 흥미로운 경험의 시대로 회자될 것이다. 이렇게 많은 사건을 겪은 시대도 없기 때문이다.

가장 중대한 경험은 프랑스 대혁명이다. 20년 동안 수백만 명이 학살당하고 유럽 전체가 뒤흔들린 뒤에야 사람들은 순수이성만으로는 사회를 일신할 수 없다는 사실을 깨달았다. 50년 동안 두 번의 치명적인 파멸을 경험하고서야 독재자들이 자신을 찬양하는 국민에게 값비싼 대가를 치르게 한다는 사실을 입증할 수 있었다. 명백한 경험이었지만, 설득력은 충분치 않았던 것 같다. 프랑스 대혁명으로 3백만 명이 목숨을 잃었고 외세의 침략을 받았다. 두 번의 치명적인 파멸을 경험하면서 영토를 상실하고 상비군의 필요성을 깨달았다.

얼마 전 세 번째 경험을 할 뻔했고 언젠가는 또다시 겪게 될 것이 분명하다. 1870년 보불전쟁이 일어나기 전, 프랑스는 국민에게 거대한 독일 군대는 위험하지 않은 국민군이라고 가르쳤다. 하지만 참혹한 전쟁이 일어나고 나서야 그 가르침이 사실이 아니었다고 인정할 수밖에 없었다.[14] 보호무역이 이를 채택한 민족을 피폐하게 만든다는 사실을 인정하려면 적어도 20년간 처참한 경험을 치러야 할지도 모른다. 이같은 사례는 끝도 없이 나열할 수 있다.

4. 이성

군중의 정신에 강한 인상을 남기는 요인을 나열할 때, 이성의 영향력에 담긴 부정적 가치를 설명할 필요가 없다면 우리는 이성을 전혀 언급하지 않아도 된다.

---

14 이때 군중의 의견은 서로 다른 것을 대략적으로 조합해서 형성된다. 이 방식의 메커니즘은 이미 앞에서 설명했다. 당시 프랑스의 국민군은 소상공인들로 구성되었고 훈련도 받지 않아서, 그다지 중요하게 여겨지지 않았다. 비슷한 이름으로 불리는 군대는 같은 이미지를 심어주었고, 그래서 위험하지 않다고 인식되었다. 일반 여론이 흔히 그렇듯 지도자들도 군중과 똑같은 오류를 저질렀다. 군중의 의견을 따르기만 할 뿐 주도한 적이 없는 정치인 티에르(Louis Adolphe Thiers)는 1867년 12월 31일 의회에서 프로이센 군대의 규모가 프랑스와 거의 비슷하며 보유한 국민군도 프랑스의 국민군과 유사해서 중요하지 않다고 되풀이해 강조했다. 이 연설은 에밀 올리비에(Émile Olivier)가 최근에 펴낸 저서에서 인용하기도 했다. 이 정치인의 주장은 철도에 미래가 없다고 단언한 그의 예측만큼이나 부정확했다.

우리가 이미 살펴보았듯이, 군중은 이성적 추론의 영향을 받지 않고 대략적인 생각의 조합만을 이해한다. 군중에게 강한 인상을 남기는 방법을 아는 연설가는 절대로 군중의 이성에 호소하지 않고 감정을 공략한다. 논리법칙은 군중에게 아무런 영향도 미치지 못한다.[15] 군중을 설득하려면 먼저 자극받은 군중의 감정을 이해하고, 그 감정을 공유하는 체하며 단순하게 조합한 이미지를 암시해서 감정을 바꿔 놓으면 된다. 필요하면 처음으로 되돌아가서 매 순간 군중이 느끼는 감정이 무엇인지 짐작할 줄도 알아야 한다. 말하는 시점에 군중에게 미치는 효과를 보며 끊임없이 연설을 수정해야 하므로, 미리 공들여 준비한 연설 원고는 무용지물이 되기 십상이다. 여기서 연설가가 원고에 써놓은 대로 읽으며 청중의 생각이 아닌 본인의 생각을 따라가면, 그 자리에서 영향력을 깡그리 상실하게 된다.

---

[15] 파리가 프로이센군에 점령당했을 때, 프랑스 총사령관 V가 당시 프랑스 정부가 들어서 있던 루브르궁으로 호송되는 장면을 목격한 날, 나는 군중에게 강한 인상을 남기는 기술을 지켜보며 군중을 설득할 때는 논리적 규칙이 큰 힘을 발휘하지 못한다는 사실을 처음으로 깨달았다. 성난 군중은 V가 요새 설계도를 프로이센에 팔아넘겨서 국가를 배신했다고 주장했다. 그런데 정부 관리 중 저명한 연설가인 G.P.가 장교를 즉각 처형하라고 요구하는 군중 앞에 나서서 연설하기 시작했다. 나는 연설가가 문제의 장교는 요새 건설자 중 한 명이며 요새 설계도는 모든 서점에서 팔고 있다고 설명하면서 군중의 주장이 부당하다고 지적하기를 기대했다. 하지만 연설은 내 기대를 완전히 빗나갔고 당시만 해도 너무 어렸던 나는 경악했다. 연설가는 V에게 다가가며 소리쳤다. "정의가, 무자비한 정의가 실현될 것입니다. 국방부가 여러분의 심문을 마저 하도록 맡겨봅시다. 결과를 기다리는 동안 우리는 이 자를 가둬두겠습니다." 연설에 만족하며 흥분을 가라앉힌 군중은 흩어졌고, 15분 후 장교는 집으로 돌아갈 수 있었다. 너무 어렸던 나는 논리적으로 설득해야 한다고 생각했지만, 연설가가 격분해서 그렇게 했더라면 장교는 틀림없이 처단되었을 것이다.

논리적인 학자들은 단단하게 엮인 이성적 추론에만 익숙해서 연설할 때도 그런 방식으로 군중을 설득하려고 한다. 하지만 매번 자신의 논증이 아무런 효과가 없다는 사실에 깜짝 놀란다. 한 논리학자는 이렇게 말했다. "삼단논법, 즉 이론가가 쓴 항등식의 조합을 기초로 도출한 수학적 결과는 필연적이다. 무생물조차도 항등식을 따라갈 수만 있으면 이 결과에 동의할 수밖에 없다." 하지만 군중은 항등식을 더 잘 따라가지도, 이해하지도 못한다. 예컨대 우리가 야만인이나 어린아이를 이성적 추론으로 설득하려고 시도해보면, 이 논거방식의 가치가 얼마나 허망한지 깨닫게 될 것이다.

원시인까지 살펴보지 않더라도, 이성적 추론이 감정과 맞서 싸우면 한없이 무력해진다는 점은 쉽게 확인할 수 있다. 지극히 단순한 논리에서도 벗어난 종교적 미신이 수 세기 동안 끈질기게 살아남았다는 사실만 봐도 알 수 있다. 2천 년에 가까운 긴 시간 동안 가장 명석한 천재들도 종교적 미신 아래 굴복했고, 근대가 되어서야 겨우 그 진위가 드러나기 시작했다. 중세와 르네상스 시기에도 깨어 있는 사람이 많았지만, 이성적 추론으로 미신의 유치한 측면을 폭로하거나, 악마의 소행이라든가 마녀를 화형에 처해야 한다는 주장에 잠시나마 의문을 품게 한 사람은 단 한 명도 없었다.

결코 이성으로 군중을 이끌어갈 수 없다고 해서 아쉬워해야 할까? 감히 그렇다고 단언할 수는 없다. 인간의 이성은 환상이 그랬던 것처럼 인류의 열정과 대범함을 자극해서 인류를 문명의 길로 인도하지 못했다. 우리를 이끄는 무의식의 산물인 환상은 인류에게 꼭 필요하다. 민족의 정신구조에는 운명을 결정하는 법칙이 있고, 겉으로 가장 비상식적인 충동을 따르는 것처럼 보일 때도 민족은 절대 거스를 수 없는 본능에 따라 이 법칙에 순종한다. 그래서 가끔은 민족이 도토리를 떡갈나무로 키워내고 혜성이 궤도를 따라가게 만드는 힘과 유사한 신비로운 힘의 지배를 받는 듯도 보인다.

이런 힘을 살짝이라도 눈치채려면 한 민족이 변화하는 과정 전반에서 그 힘을 살펴보아야 한다. 별안간 변화가 나타나는 개별 사건에서만 그 힘을 찾으려고 하면, 역사는 있을 법하지 않은 우연에 휘둘리는 것처럼 보일 수 있다. 갈릴리의 한 목수가 2천 년 동안 전지전능한 신이 되고, 이 신의 이름으로 가장 중대한 문명이 시작될 수 있었던 일은 결코 있을 법하지 않은 사건이 되어버린다. 또한 사막에 살던 아랍 민족이 그리스·로마 세계의 드넓은 지역을 정복하고 알렉산드로스 대왕의 제국보다 더 큰 제국을 일으킨 일도 있을 법하지 않은 사건이 된다. 역사가 길고 구식인 데다 서열이 철저한 유럽에서 무명의 포병대 중위가 수많은 민족과 군주 위에 군림할 수 있었던 일도 있을 법하지 않은 사건이 되고 만다.

그러하니 이성은 철학자에게 맡기고, 인간을 다스리는 일에는 이성을 지나치게 들이밀지 말자. 모든 문명의 위대한 원천이었던 명예,

희생정신, 종교적 신념, 영광, 조국애 같은 감정은 이성에서 출발하지 않고 도리어 이성을 거슬러서 생겨났다.

03

군중의 지도자와 설득 수단

우리는 지금까지 군중의 정신구조와, 군중의 마음에 강한 인상을 남기는 요인이 무엇인지 살펴보았다. 이제 이들 요인을 어떻게 적용하고 누가 유용하게 활용할 수 있는지 알아보는 일이 남았다.

1. 군중의 지도자

동물 떼건 사람 무리건 일정 수의 살아 있는 존재가 한데 모이면 본능적으로 우두머리의 권위 아래로 들어간다.

실제로 우두머리는 그저 군중을 앞에서 이끄는 사람이지만, 그 자체로 중대한 역할을 한다. 그의 의지를 중심으로 군중이 의견을 형성하고 의견 일치를 본다. 지도자는 이질적인 군중이 조직되기 위한 첫 번째 요인으로 군중이 여러 파벌로 조직될 수 있도록 기반을 마련하고, 그때까지 군중을 지휘한다. 군중은 지도자가 없으면 아무것도 할 수 없는 노예 무리나 마찬가지다.

대개 군중의 지도자도 처음에는 지도를 받는 군중이었다. 그는 한 사상의 최면에 걸려서 스스로 그 사상의 전도사가 된다. 사상에 사로잡힌 그의 내면에는 사상만 남고 모든 것이 사라지며, 사상을 거스르는 모든 의견은 오류와 미신이 된다. 루소(Jean Jacques Rousseau, 1712~78, 프랑스의 철학자이자 교육학자, 음악가, 소설가)의 철학사상에 푹 빠져들어서 그 사상을 알리기 위해 종교재판 방식을 도입한 로베스피에르가 한 예다.

대체로 지도자는 생각하는 사람이 아닌 행동하는 사람이다. 이들은 혜안이 없고 있을 수도 없다. 혜안은 대개 의심과 신중함으로 이어지기 때문이다. 특히 신경증에 걸린 사람, 들떠서 흥분한 사람, 광인의 경계를 넘나드는 반(半)정신병자 중에서 지도자가 많이 나온다. 이들이 지지하는 사상과 추구하는 목표가 아무리 터무니없어도 그들이 드러내는 확신 앞에서는 모든 이성적 추론이 힘을 잃는다. 멸시와 박해를 받아도 이들은 움츠러들지 않는다. 오히려 더 흥분할 뿐이다. 이들은 개인의 이익, 가족 등 모든 것을 희생한다. 유일한 보상으로 순교자가 되기를 간청할 만큼 자신을 지키려는 본능마저 사라진다. 이렇게 열렬한 신념을 통해 그들의 발언은 암시의 강력한 힘을 획득한다. 군중은 굳센 의지로 자신들을 휘어잡을 줄 아는 사람의 말을 들을 준비가 되어 있다. 군중을 이룬 사람들은 자신의 모든 의지를 잃어버리고, 열의에 찬 사람에게 본능적으로 의존한다.

민족에게 지도자가 없었던 적은 없다. 하지만 모든 지도자가 수많은 지지자를 거느릴 만큼 굳건한 확신에 차오르는 건 아니다. 오히려 개인의 이익만 추구하고 저급한 본능을 자극해서 군중을 설득하려고 드는 약삭빠른 웅변가가 대부분이다. 그래서 이들이 부리는 영향력은 막대하지만 늘 일시적이다. 군중의 영혼을 뒤흔든 위대한 신념가들, 이를테면 은자 피에르, 루터, 사보나롤라를 추종한 사람들과 프랑스 대혁명을 일으킨 이들은 스스로 신념에 빠져든 뒤에야 군중의 마음을 사로잡을 수 있었다. 그래야만 군중의 영혼에 신념이라는 강렬한 힘을 심어줄 수 있다. 신념은 인간을 자신이 꿈꾸는 희망의 절대적 노예로 만든다.

종교적 신념이건, 정치·사회적 신념이건, 과업에 대한 신념이건, 사람에 대한 신념이건, 사상에 대한 신념이건 할 것 없이 신념을 만들어내는 것은 위대한 지도자의 역할이다. 그래서 지도자의 영향력이 막강하다. 인간한테는 많은 힘이 있지만, 그중 가장 막강한 힘은 신념이다. 복음서도 신념에는 산을 옮길 만한 힘이 있다고 했다. 사람에게 신념을 불어넣으면 힘이 열 배는 더 커진다. 역사상 위대한 사건은 가진 것이라곤 신념밖에 없는 무명씨가 일으켰다. 세계를 지배한 종교를 틔우고 지구 반대편까지 이어지는 광활한 제국을 건설한 사람은 학자나 철학자가 아니었고, 회의론자는 더더욱 아니었다.

이들 사례는 지도자가 있어서 가능했다. 하지만 역사상 지도자는 그 수를 손으로 꼽을 만큼 드물었다. 위대한 영도자부터 담배 연기 자욱한 선술집에서 자신도 이해하지 못하는 경구를 들먹이며 이를 제대로 적용만 하면 모든 꿈과 희망을 이룰 수 있다고 동료들의 마음을 홀리는 노동자까지, 모든 유형의 정점에는 항상 지도자가 있다.

가장 높은 계층부터 가장 낮은 계층까지 모든 사회계층에서 개인은 독립된 상태를 벗어나면 곧장 지도자의 영향 아래 놓인다. 사람들 대부분, 특히 대중은 자신의 전문 분야가 아닌 문제를 앞에 두면 명확하고 체계적으로 생각하지 못한다. 스스로 행동할 능력이 없어서다. 그래서 지도자가 인도자 역할을 한다. 부득이하게, 부족하더라도 독자에게 의견을 제시하고 고민할 필요가 없도록 완성된 문장을 손에 쥐여주는 정기간행물이 길잡이 역할을 대신하기도 한다.

지도자의 권위는 독재적이고, 그래야만 인정받을 수 있다. 앞서 여러 차례 언급했듯이, 지도자는 자신의 권위를 뒷받침할 만한 수단이 하나도 없더라도 거칠디거친 노동자를 간단히 자신에게 복종하도록 만들 수 있다. 노동시간과 임금 인상률을 제시하고, 파업을 결정하고, 파업을 시작해서 끝내게 하면 된다.

오늘날 공권력이 약해지고 논란의 대상이 되면서 군중의 지도자들이 공권력을 대신하는 추세다. 군중은 정부에 그랬던 것보다 더욱 고분고분하게 새로운 지배자의 독재적 횡포에 복종한다. 만약 지도자가 사고를 당해서 사라졌을 때 즉시 새로운 지도자를 내세우지 않으면 군중은 다시 결집력도 저항력도 없는 집단이 된다. 파리에서 승합마차 노동자들이 파업에 나섰을 때, 파업을 이끄는 지도자 두 명을 체포했더니 파업은 곧바로 중단되었다. 자유를 향한 욕구가 아닌 속박에서 벗어나지 않으려는 욕구가 군중의 영혼을 지배한다. 복종을 갈망하는 군중은 지도자라고 자처하는 인물에게 본능적으로 고개를 숙인다.

지도자는 두 부류로 명확하게 나뉜다. 첫 번째는 역동적이고 강하지만 의지가 일시적인 부류고, 두 번째는 강하면서 의지도 집요한 부류다. 두 번째 부류의 지도자가 첫 번째 부류보다 훨씬 드물다. 첫 번째 부류는 난폭하고 용맹하고 대담해서 기습 공격을 주도하며, 위험을 무릅쓴 채 군중을 이끌고, 이제 막 뽑은 신병을 영웅으로 만드는 데 뛰어나다. 제1제정의 네(Michel Ney, 1769~1815, 나폴레옹전쟁 기간에 활약하며 탁월한 공을 세운 프랑스의 군인이자 원수)와 뮈라(Joachim Murat, 1767~1815)가 이 부류의 지도자다. 우리 시대의 사례로는, 재능은 없지만 단 몇 기의 군대를 거느리고 정규군대가 지키고 있던 나폴리의 옛 왕국을 점령하는 데 성공한 모험가 가리발디(Giuseppe Garibaldi, 1807~82, 이탈리아 통일에 공헌한 영웅이자 혁명가, 군인, 정치인) 장군이 있다.

이런 지도자들의 열정은 엄청나지만 일시적이어서, 열정을 끌어낸 자극보다 오래가지 않는다. 방금 언급한 위대한 지도자들처럼 의지에 불타오르던 영웅들은 일상으로 돌아오면 놀라울 정도로 나약해진다. 타인을 그토록 잘 이끌었건만, 아주 단순한 상황에서도 스스로 생각하거나 행동하지 못하는 것처럼도 보인다. 이들은 누군가에게 지도와 자극을 끊임없이 받는다는 조건, 즉 우월한 인물이나 사상이 제시하는 명확한 행동 지침을 따른다는 조건에서만 제 역할을 해낼 수 있는 부류의 지도자다.

반면, 오래도록 의지를 불태우는 두 번째 부류의 지도자는 겉으로 두드러지진 않지만 아주 막강한 영향력을 발휘한다. 이 부류에는 사도 바울, 무함마드, 크리스토퍼 콜럼버스, 레셉스(Ferdinand Marie de Lesseps, 1805~94, 프랑스 외교관으로 수에즈 운하 건설을 계획하고 시행했다) 등, 진정한 종교를 창시하거나 위대한 사업을 달성한 인물들이 있다. 그들이 지적인지 편협한지는 중요하지 않다. 세상은 언제나 그들 편이다. 이 지도자들의 끈질긴 의지는 모든 사람을 굴복시키고야 마는 지극히 드물고 막강한 능력이다. 이처럼 강력하고 집요한 의지가 무엇까지 할 수 있는지를 정확히 아는 사람은 아무도 없다. 자연도, 신도, 인간도 그 의지를 꺾지 못한다.

강력한 의지가 무엇까지 할 수 있는지를 보여주는 가장 최근 인물은 수에즈 운하로 세계를 둘로 갈라놓는 데 성공한 레셉스다. 수에즈 운하 건설은 3천 년 전부터 위대한 통치자들이 추진했다가 결국엔 실패한 과업이다. 레셉스는 나중에 유사한 사업(파나마 운하 건설)을 시도했지만 실패했다. 마침내 그에게도 노년이 찾아왔고, 세월 앞에서는 그의 의지도 사그라들었다. 레셉스가 수에즈 운하를 파기 위해 극복해야 했던 어려움을 자세하게 소개하는 것만으로도 의지로 무엇을 해낼 수 있는지 보여줄 수 있다. 목격자인 카잘리스 박사는 절대 포기하지 않는 불굴의 레셉스가 직접 밝힌 위대한 사업의 경위를 단 몇 줄의 인상적인 문장으로 요약한다. "레셉스는 운하 건설에 얽힌 이야기를 날짜와 일화별로 차근차근 들려주었다. 그는 극복해야 했던 모든 난관, 불가능을 가능하게 만든 일, 그의 계획에 반대하는 저항과 협작, 결코 그를 낙담하게 하거나 쓰러트리지 못한 환멸과 역경과 실패에 대해 이야기했다. 영국은 운하 건설을 반대하며 끊임없이 그를 공격했고, 이집트와 프랑스는 머뭇거리기만 했으며, 프랑스 영사관은 착공부터 반대하고 노동자들에게 식수를 공급하지 않아서 노동자들이 갈증에 지쳐 작업을 하지 못하게 만들었다고 회상했다. 해군성과 기술자들, 경험과 과학적 지식이 풍부한 모든 지식인도 당연하다는 듯이 건설 사업에 반대했고, 계산과 예측을 통해 일식이나 월식을 예견하듯 몇 날 몇 시에 재앙이 닥칠 거라고 장담했다."

이런 위대한 지도자들의 삶을 다루는 책에 이름을 올릴 지도자는 많지 않을 것이다. 하지만 바로 이런 지도자들이 문명과 역사에서 가장 중요한 사건을 선두에서 이끌었다.

2. 지도자의 행동 방법: 확언, 반복, 전염

군중을 부추겨서 기꺼이 목숨 걸고 왕궁을 약탈하거나 요새 혹은 장벽을 지키게 하는 등 행동에 나서게 하려면, 빠른 암시로 군중에게 영향을 미쳐야 한다. 그러려면 군중은 상황에 놓였을 때 이미 암시를 받을 준비가 되어 있어야 하고, 특히 군중을 홀리는 지도자는 내가 뒤에서 '위엄'이라는 단어로 설명할 자질을 갖추고 있어야 한다.

하지만 현대 사회주의 이론 같은 사상이나 신념을 군중의 마음에 새겨줄 때는 지도자들이 다른 방법을 쓴다. 그들은 주로 확언과 반복, 전염이라는 가장 확실한 방법을 쓴다. 이 방법은 서서히 작용하지만, 효과는 매우 오래간다.

모든 이성적 추론과 증거를 배제한 순수하고 단순한 확언은 군중의 영혼에 사상을 심을 수 있는 확실한 방법 중 하나다. 확언은 간결할수록, 증거와 논증의 흔적이 없을수록 강력한 권한을 획득한다. 모든 시대의 경전과 법전도 항상 단순한 확언으로 쓰였다. 정치적 신념을 옹호해야 하는 정치인들, 광고로 제품을 알려야 하는 기업가들은 확언의 가치를 잘 알고 있다.

하지만 확언도 동일한 표현으로 끊임없이 반복되어야만 실제로 영향력을 발휘한다. 내 기억이 맞는다면, 오직 반복만이 중요한 수사법이라고 한 인물이 바로 나폴레옹이다. 확언된 대상이 반복을 통해 군중의 영혼에 확고하게 자리를 잡으면 군중은 결국 이 대상을 증명된 진실로 받아들인다.

높은 식견을 갖춘 사람의 정신에도 반복이 강렬한 인상을 남긴다는 점을 고려하면 반복이 군중에게 미칠 영향력을 쉽게 가늠할 수 있다. 반복되는 대상은 행동의 동기를 만들어내는 무의식의 깊숙한 곳으로 파고드는데, 반복의 힘은 여기서 나온다. 시간이 지나면 우리는 누가 확언을 반복했는지는 잊어버리고, 결국 그 주장을 믿게 된다. 광고의 놀라운 힘도 바로 여기에 있다. 초콜릿 X가 최고의 초콜릿이라고 쓰인 문장을 백 번 혹은 천 번 읽다 보면, 여러 곳에서 같은 말이 자꾸만 들리는 듯하고, 결국 그 말을 사실로 믿게 된다. 밀가루 Y가 고질병에 시달리는 위대한 인물을 고쳤다는 광고를 천 번쯤 듣다 보면, 비슷한 병에 걸렸을 때 그 밀가루를 써보고 싶은 마음이 생긴다. A는 지독한 불한당이고 B는 아주 정직한 사람이라는 기사를 실은 신문을 매일 읽으면, 두 인물을 정반대로 묘사하는 다른 신문을 읽지 않는 한 그 기사를 기정사실로 믿게 된다. 확언과 반복은 강력한 힘을 발휘하는데, 두 힘의 우열을 가리기는 어렵다.

확언이 충분히 반복되고 그 과정에서 의견이 만장일치를 보면, 여론이 형성되고 전염이라는 막강한 메커니즘이 개입한다. 모든 경쟁사를 합병할 수 있을 정도로 돈이 넘치는 유명한 금융기업들 사이에서 실제로 이런 현상이 일어났다. 군중 안에서 사상과 감정, 정서, 신념은 병원균처럼 강한 전염력을 발휘한다. 이런 현상은 매우 자연스러워서, 무리를 지은 동물 세계에서도 흔히 발견된다. 마구간의 말 한 마리가 못된 습관을 반복하면 다른 말들도 금세 따라 한다. 몇 마리의 양이 공포에 질려 무질서하게 움직이면, 이 상황이 곧장 양 떼 전체로 퍼진다. 인간집단에서도 모든 정서가 순식간에 전염되는데, 군중 전체가 느닷없이 패닉 상태에 빠지는 것도 바로 이 때문이다. 정신과 의사가 정신이상 증상을 빈번하게 보이는 것도 같은 이유다. 광장공포증처럼 다양한 정신착란 증세가 사람에게서 동물에게로 전염된다는 연구 결과도 나왔다.

여러 사람이 같은 시간 같은 곳에 있어야만 전염이 일어나는 것은 아니다. 모든 사람의 영혼을 한 방향으로 흐르게 하고 군중 고유의 특성을 건드리는 사건의 영향을 받으면 먼 거리에서도 전염될 수 있다. 내가 앞서 설명한 간접 요인의 영향을 받으면 특히 더 멀리까지 전염된다. 1848년 2월 프랑스에서 폭발한 혁명의 기세가 유럽 전역으로 급속히 퍼져서 여러 왕정을 뒤흔들어놓은 사건을 예로 들 수 있다.

사회현상에 짙게 영향을 미친다는 모방도 사실은 전염의 단순한 결과다. 모방의 영향력은 다른 책에서 이미 충분히 설명했으므로, 여기서는 내가 20여 년 전에 제시했고 다른 작가들이 최근 작품에서 자세히 다룬 내용을 다시 한번 언급하고 지나가겠다.

"동물과 마찬가지로 인간도 모방하는 습성을 타고난다. 따라 하기에 손쉽다는 조건에서 모방은 인간에게 하나의 욕구다. 이른바 '유행'이 그토록 엄청난 영향력을 발휘하는 것도 바로 이 모방 욕구 때문이다.

여론이건, 사상이건, 문학적 현상이건 아니면 단순한 이상이건 감히 유행이라는 제국에서 헤어나올 수 있는 사람이 몇이나 될까? 군중을 인도하는 건 논증이 아니라 본보기가 되는 인물이다. 시대마다 큰 영향력을 행사하는 소수의 인물이 있고, 군중은 무의식적으로 그들을 모방한다. 이때 그 인물들은 고정관념에서 지나치게 벗어나서는 안 된다. 모방하기가 몹시 어려워서 어떤 영향력도 미칠 수 없기 때문이다. 그래서 당대에 너무 앞선 위치에 있는 인물은 군중에게 아무런 영향력도 미치지 못한다. 간극이 너무 엄청난 것이다. 마찬가지로 유럽 문명이 뛰어났지만, 유럽인이 그들과 사뭇 다른 동양인에게 미친 영향은 미미했다.

과거와 모방이 서로 작용을 주고받기 때문에 같은 국가에서 같은 시대를 사는 사람들은 모두 비슷해진다. 분명 그 영향에서 가장 멀리 벗어나 있을 법한 사람들, 이를테면 철학자, 학자, 문학가들도 사상이나 방식이 서로 흡사해서 어느 시대에 속하는지 단번에 알아차릴 수 있을 정도다. 그래서 어떤 사람과 오랫동안 이야기를 나누지 않아도 그가 어떤 책을 읽는지, 무슨 일을 하는지, 어떤 환경에서 사는지 알 수 있다."[16]

전염은 무척 강력해서 개인에게 특정 의견뿐만 아니라 감정까지 강요한다. 〈탄호이저〉 같은 작품들이 한 시대에는 무시당하다가 시간이 흐른 뒤에 한때 작품을 가장 심하게 비방하던 사람들에게까지 칭송을 받은 것도 다 전염 때문이다.

무엇보다도 군중의 의견이나 신념은 이성적 추론이 아닌 전염을 통해 확산한다. 노동자들이 지금 가지고 있는 생각도 선술집에서 확언과 반복, 전염을 통해 굳어졌다. 어느 시대에나 군중의 신념도 같은 방식으로 형성되었다. 에르네스트 르낭(Ernest Renan, 1823~92, 프랑스의 언어학자, 역사학자, 신학자)은 기독교 초기 창립자를 가리켜 "자신의 사상을 이 선술집에서 저 선술집으로 퍼뜨리는 노동자"라고 적절하게 묘사했다. 그런가 하면 볼테르는 기독교를 두고 "가장 비천한 하층민이 백 년이 넘는 시간 동안 기독교를 숭배했다"고 지적했다.

내가 인용한 예시와 유사한 사례에서도 알 수 있듯이, 전염은 민중 계층에 영향을 미치고 나서 사회의 더 높은 계층으로 옮겨간다. 오늘날 사회주의 이념이 그 첫 번째 희생자로 낙인찍힌 사람들의 마음을 사로잡기 시작한 것만 봐도 알 수 있다. 전염의 메커니즘이 막강해서 그 앞에서는 개인의 이익도 사라져버린다.

---

16 귀스타브 르 봉, 『인간과 사회(L'homme et les Sociétés)』 제2권, 1881, p.116.

민중에게 퍼진 모든 여론은 아무리 몰상식한 측면이 있더라도 결국에 가서 가장 높은 사회계층에도 집요하게 파고드는 이유가 바로 여기에 있다. 군중의 신념은 대개 상위 사상에서 출발하기 때문에 하위계층이 상위계층에 영향을 미친다는 점이 흥미롭다. 하물며 정작 상위 사상은 상위계층에 별다른 영향을 미치지 않는다. 상위 사상에 물든 지도자가 이 사상을 낚아채다가 왜곡해서 파벌을 만들면, 파벌은 다시 사상을 왜곡해서 군중에게 퍼뜨린다. 그러면 군중이 그 사상을 더욱 왜곡한다. 이렇게 군중의 진실이 된 사상은 다시 발원지로 거슬러 올라가 사회의 상위계층에 영향을 미친다. 결국 세상을 이끄는 건 인간의 지성이다. 하지만 지성은 한참 멀리서 세상을 이끌어간다. 내가 지금 설명한 메커니즘의 효과 때문에 한 철학자의 사상이 지배적인 위치에 올랐을 때는 이미 그 철학자가 세상을 뜬 지 오래다.

3. 위엄

확언과 반복, 전염을 통해 전파된 사상은 위엄이라는 신비로운 힘을 얻고 더욱 강력해진다.

사람이건 사상이건 세상을 지배하는 모든 것은 '위엄'이 발산하는 거부할 수 없는 힘을 통해 권위를 인정받았다. 우리는 위엄이라는 단어의 뜻은 알지만 워낙 다양하게 쓰여서 위엄을 정의하기가 쉽지 않다. 위엄은 감탄이나 두려움 같은 감정을 포함할 수 있다. 이 감정이 위엄의 근거가 되기도 하지만, 위엄은 감정이 없어도 온전하게 존재할 수 있다. 알렉산드로스 대왕, 카이사르, 무함마드, 석가모니 같은 인물은 최고의 위엄을 지녔지만 이미 죽었기에 우리가 더는 두려워하지 않는다. 한편, 인도의 지하 신전을 지키고 있는 기괴한 신상처럼 우리가 감탄하지는 않지만 살벌한 위엄을 지닌다고 여기는 존재도 있다.

사실, 위엄은 한 개인이나 작품, 사상이 우리 정신에 행사하는 일종의 지배력이다. 이 지배력은 우리의 모든 비판 능력을 마비시키고 놀라움과 존경심으로 우리 정신을 채운다. 다른 감정과 마찬가지로 그런 감정이 생기는 이유를 설명하기는 어렵지만 아마 최면에 걸린 사람이 느끼는 황홀함과도 같은 종류일 것이다. 위엄은 지배력의 가장 강력한 원동력이다. 위엄이 없으면 신도, 왕도, 여성도 군림하지 못했을 것이다.

위엄에도 다양한 형태가 있지만, 대개 획득한 위엄과 타고난 위엄으로 나눌 수 있다. 획득한 위엄은 이름과 재산, 명성이 가져다주는 위엄으로, 타고난 위엄과는 무관할 수 있다. 반면, 타고난 위엄은 개별적이며 명성이나 명예, 재산과 공존하거나 이들 요소를 통해 더욱 강력해질 수 있지만, 그것들이 없어도 완벽하게 존재할 수 있다.

우리는 인위적 위엄이라고도 할 수 있는 획득한 위엄을 훨씬 더 자주 보게 된다. 단지 어떤 지위에 오르거나 상당한 재산을 모으거나 작위를 받았다는 사실만으로 개인의 가치와 상관없이 위엄을 얻기 때문이다. 제복을 입은 군인, 붉은색 법복을 입은 판사는 항상 위엄이 있다. 파스칼(Blaise Pascal, 1623~62, 프랑스의 수학자, 물리학자, 발명가, 철학자, 신학자)은 재판관에게 법복과 가발이 필요하다는 점을 정확하게 지적했다. 법복과 가발이 없으면 권위의 대부분을 잃게 되리라는 뜻이다. 가장 철두철미한 사회주의자도 항상 대공이나 후작을 보면 다소 움츠러든다. 작위만 거머쥐고 있어도 상인에게서 원하는 것을 전부 가로챌 수 있다.[17]

내가 지금까지 거론한 위엄은 사람이 세우는 위엄이다. 그런데 여론이나 문학작품 혹은 예술작품에도 위엄이 서린다. 하지만 이 위엄은 반복이 축적된 결과일 뿐이다. 역사, 특히 문학과 예술의 역사는 아무도 감히 진위를 확인하려고 하지 않고 똑같은 판단을 반복할 뿐

---

17 작위와 훈장, 제복이 군중에게 미치는 영향력은 모든 나라에서, 심지어 가장 발달한 나라에서도 찾아볼 수 있다. 한 여행가가 최근 펴낸 책에서 영국의 저명인사들이 발산하는 위엄에 대해 쓴 내용을 발췌해서 인용한다.

"수차례 만나면서, 나는 가장 합리적인 영국인도 귀족을 보거나 만나면 무언가에 홀린 듯이 독특한 반응을 보인다는 사실을 알아차렸다. 그 귀족이 신분에 걸맞은 재력까지 갖추면 영국인은 그를 더욱 좋아하고 기꺼운 마음으로 그와 관련된 모든 것을 참고 받아들였다. 그가 다가가면 기뻐서 얼굴이 붉어지고, 그가 말이라도 걸면 얼굴이 더욱 붉어지면서 눈은 평소와 다르게 반짝거린다. 스페인 사람들에게 춤이, 독일 사람들에게는 음악이, 프랑스 사람들에게는 혁명이 뿌리 깊이 박혀 있는 것처럼 영국 사람들은 귀족에 대한 선망이 핏속에 흐르고 있다. 말(馬)이나 셰익스피어를 향한 열정도 그렇게 열렬하지 않고, 만족감과 자부심도 그만큼 중요하지 않다. 귀족계급에 대한 책도 엄청나게 판매되었거니와, 어디를 가든 모든 사람 손에 성경처럼 들려 있는 것을 볼 수 있다."

이라서, 결국 모두가 학교에서 배운 내용을 그대로 반복한다. 그러다 보면 누구도 감히 건드리지 못하는 이름과 사건만 남게 된다. 현대 독자들이 호메로스를 읽으려면 틀림없이 아주 지겨울 텐데, 누가 감히 그렇게 말할 수 있을까? 오늘날 파르테논 신전은 아무런 감흥도 일으키지 못하는 폐허와 다름없지만, 신전에 서린 위엄 때문에 우리는 수많은 역사적 기억을 담고 있는 신전으로 여긴다. 우리의 판단력을 마비시켜서 사물을 있는 그대로 바라보지 못하게 하는 것이 위엄의 특징이다. 군중한테는 항상, 개인에게는 대체로 모든 주제를 둘러싸고 이미 만들어진 의견이 필요하다. 이런 의견의 성공 여부는 의견에 포함된 진실 혹은 오류와 상관없이 오직 의견이 갖춘 위엄에만 달렸다.

이제 타고난 위엄에 대해 알아보자. 타고난 위엄은 지금까지 언급한 인위적 위엄, 즉 획득한 위엄과 성격이 아주 다르다. 타고난 위엄은 지위나 권위와 상관없이 소수만이 지닌 능력으로, 주변 사람들을 지배할 만한 수단이 없고 그들과 사회적으로 동등한데도 그들을 자석처럼 끌어당기는 매력을 발산한다. 그래서 사람들은 위엄을 타고난 사람의 생각과 감정을 받아들이게 되고, 맹수가 마음만 먹으면 단번에 잡아먹을 수 있는 조련사에게 복종하듯이 그의 말에 순종한다.

석가모니, 예수, 무함마드, 잔 다르크, 나폴레옹 같은 군중의 위대한 지도자는 굉장히 높은 수준의 위엄을 타고났고, 바로 이 위엄으로 권위를 인정받았다. 신과 영웅, 교리는 논쟁의 대상이 아니다. 오히려 논쟁하는 즉시 권위가 사라져버린다.

 방금 언급한 위대한 인물들은 세상에 알려지기 훨씬 전부터 사람들을 매혹하는 힘을 지니고 있었다. 그 힘이 없었더라면 유명해지지 못했을 것이다. 예를 들어 나폴레옹은 영광의 정점에 올랐을 때 그 권력만으로 엄청난 위엄을 행사했다. 하지만 아무런 권위도 없이 완전한 무명이었을 때도 이미 어느 정도 타고난 위엄을 드러냈다. 무명의 나폴레옹이 후원자의 도움으로 파견되어 이탈리아 원정군을 지휘할 때였다. 그가 도착해서 보니, 거친 장군들은 총재정부가 보낸 이 거슬리는 젊은 불청객을 거북하게 대하려고 들었다. 하지만 첫 만남 자리에서 이 미래의 영웅이 던진 눈빛에 그만 장군들은 온순해졌다. 어떤 말이나 몸짓, 위협도 필요 없었다. 이폴리트 텐은 당대 사람들의 회고록을 바탕으로 이 첫 만남을 흥미롭게 묘사했다.

 "자신의 큰 키와 용맹함을 자랑스럽게 여기는 과감하고 거친 용병 오주로(Chareles Pierre François Augereau, 1757~1816) 장군을 포함한 장군들은 파리에서 보낸 땅딸막하고 벼락출세한 장교 때문에 언짢은 상태로 사령부에 도착했다. 그에 대한 소개글을 읽은 오주로는 더욱 무례하게 반항하고 싶은 마음이 동했다. 내용은 이랬다. '폴 바라스(Paul Barras, 1755~1829)가 총애하는 인물, 방데미에르 13일 반란 진압, 시가전에 능한 장군, 항상 혼자 숙고하는 성격이라 곰같이 보일 때가 있음, 풍채가 작으며 수학자, 공상가라는 평판이 있음.' 장군들이 들어갔지만 나폴레옹은 나타나지 않았다. 칼을 차고 모자를 쓴 채 뒤늦게 나타난 그는 자신의 전략을 설명하고 명령을 내리더니 장교들을 돌려보냈다. 오주로는 아무 말도 하지 못했다. 밖으로 나와서야 냉정함을 되찾고 평소에 하던 욕설을 내뱉었다. 그는 이 키 작고 초라한 장군을 보고 두려움을 느꼈다고 인정했고, 옆에 있던 마세나(André Massénat, 1758~1817)도 동의했다. 오주로는 첫눈에 자신을 압도해버린 힘을 이해할 수 없었다."

위인이 된 뒤로 그의 위엄은 공적과 더불어 그를 숭배하는 사람들 사이에서 신성에 비견될 정도로 높아졌다. 오주로보다 더 거칠고 활력 넘치는 혁명 용병 방뎀(Dominique René Vandemme, 1770~1830)은 1815년 튀일리 궁전의 계단을 오르며 도르나노(Jean-Baptiste d'Ornano, 1581~1626) 원수에게 나폴레옹을 두고 이렇게 말했다. "원수님, 이 괴물 같은 사내가 저에게 알 수 없는 마력을 발휘합니다. 신도 악마도 믿지 않는 제가 그가 다가오면 어린아이처럼 벌벌 떨기까지 합니다. 그가 명령하면 바늘구멍을 통과하고 지옥 불에 몸을 던질 수도 있을 겁니다."

나폴레옹은 다가오는 모든 사람에게 이런 매력을 발산했다.[18]

다부(Louis-Nicolas Davout, 1770~1832) 장교는 마레(Hugues-Bernard Maret, 1763~1839)와 자신의 충성심을 비교하며 이렇게 말했다. "만약

황제가 우리 둘에게 '내 전략을 실행하려면 파리 전체를 파괴해야 한다. 이때 아무도 파리에서 나오거나 도망쳐서는 안 된다'고 말씀하시면 마레는 분명 비밀을 지키겠지만 제 가족을 피신시키느라 명령을 어길 위험이 있습니다. 하지만 저는 황제가 간파할까 두려워서 내 아내와 아이들을 파리에 그냥 남겨둘 겁니다."

엘바섬에서 돌아온 나폴레옹의 경이로운 이야기를 이해하려면 그가 지닌 놀라운 매력의 힘을 기억해야 한다. 나폴레옹은 돌아오자마자 그의 폭정에 지쳤을 법한 국가의 조직된 세력에 맞서 홀로 프랑스를 정복했다. 그를 생포하겠다고 맹세까지 하고 파견된 장군들은 나폴레옹이 단 한 번 쳐다보았을 뿐인데 그만 무릎을 꿇었다.

영국 장군 울슬리는 이렇게 썼다. "자신의 왕국이었던 엘바섬에서 도망자처럼 빠져나온 나폴레옹은 거의 홀로 프랑스에 상륙했다. 그

---

18 자신에게 서린 위엄을 잘 알고 있었던 나폴레옹은 주위의 저명인사들을 마부보다 못하게 다루면 위엄이 더 커진다는 사실도 알고 있었다. 그런 인사 중에는 유럽을 두려움에 떨게 했던 저명한 국민공회 의원들도 있었다. 이와 관련된 일화는 무척 많다. 어느 날 나폴레옹이 최고 행정재판소에서 뵈뇨(Jacques Claude Beugnot, 1761~1835)를 무식한 하인 다루듯 거칠고 무례하게 대했다. 효과가 있자 나폴레옹은 뵈뇨에게 다가가 소리쳤다. "멍청한 놈, 이제 정신을 차렸나?" 이에 군악대장만큼 키가 큰 뵈뇨는 아주 낮게 허리를 숙였고 키가 작은 나폴레옹은 손을 들어 뵈뇨의 귀를 잡아당겼다. 뵈뇨는 그것이 "황홀한 호의의 신호며 인간미 있는 친근함을 드러내는 행동"이라고 썼다. 이런 사례는 위엄이 사람을 어느 정도까지 비굴하게 만들 수 있는지 보여준다. 또한 지독한 독재자가 어째서 주변 사람들을 그토록 멸시하고 일개 총알받이로 취급하는지 알 수 있다.

리고 단 몇 주 만에 피 한 방울 흘리지 않고 적법한 왕의 통치 아래 있던 프랑스의 모든 권력조직을 전복했다. 개인의 영향력이 그토록 놀라우리만치 여실하게 드러난 적이 있을까? 게다가 이 마지막 군사작전을 시작해서 끝낼 때까지, 나폴레옹이 동맹군에 영향력을 행사해서 자신의 명령을 따르게 하고 급기야 궤멸 직전까지 몰아갔던 일은 또 얼마나 놀라운가?"

나폴레옹이 사망한 뒤에도 그의 위엄은 계속되었을 뿐만 아니라 더욱 커졌다. 이 위엄은 무명의 조카도 황제로 추대할 정도였다. 지금도 그의 전설이 되살아나고 있는 상황을 보면 그가 남긴 위대한 그림자의 힘이 얼마나 강력한지 알 수 있다. 만약 당신에게 충분한 위엄과 그 위엄을 유지할 능력이 있다면 사람들을 난폭하게 다루고, 수백만 명을 학살하고, 침략을 일삼더라도 죄다 허용된다.

내가 매우 이례적인 위엄을 예로 든 것은 맞지만, 위대한 종교나 교리, 제국의 기원을 이해하려면 언급할 필요가 있었다. 위엄이 군중에게 영향을 미치지 않았다면 그 기원을 결코 파악할 수 없었을 것이다.

위엄이 오직 개인의 영향력, 군사적 업적, 종교적 두려움을 발판 삼아 생기는 것은 아니다. 위엄은 좀 더 평범한 것에서 시작해 더욱 막강한 영향력을 획득할 수도 있다. 현 세기, 즉 19세기에도 사례를 찾아볼 수 있다. 그중 여러 시대에 걸쳐 대대손손 회자되는 놀라운 예는 두 대륙을 분리해서 세계의 모습과 민족 간 교역관계를 바꿔놓은 유명인 레셉스다. 그의 계획이 성공할 수 있었던 건 물론 그가 보여준 불굴의 의지 때문이지만, 그가 매력으로 주위에 있는 모든 사람의 마음을 사로잡은 덕분이기도 하다. 그가 나서기만 하면 만장일치를 본 반대의 목소리도 꺾을 수 있었다. 레셉스가 단 몇 마디만 하면 그의 매력에 사로잡혀서 그에게 반대하던 사람들도 친구가 되었다. 특히 영국인들이 그의 계획에 끈질기게 반대했는데, 레셉스는 영국에 그저 모습을 나타내는 것만으로도 모든 사람에게 동의를 얻어낼 수 있었다. 나중에 그가 사우샘프턴을 지나갈 때는 그의 통과를 알리는 종소리가 울려 퍼졌고, 오늘날 영국에서는 레셉스의 조각상을 세우기도 했다. 사람이고 사물이고 모든 것을 정복한 레셉스는 이제 어떤 장애물도 없다고 판단하고 수에즈에 이어 파나마에서도 같은 사업을 추진하려고 했다. 그리고 동일한 방법으로 시작했다. 하지만 그에게도 노년은 찾아왔고, 산도 들어 올리던 신념 역시 이제는 야트막한 산만 간신히 들어 올릴 정도였다. 수많은 산이 버티고 있었고, 잇따르는 자연재해는 영웅을 감싸고 있던 눈부신 후광마저 파괴했다. 레셉스의 인생은 위엄이 어떻게 커졌다가 사라지는지를 여실히 보여주는 본보기다. 역사상 가장 유명한 영웅에 견줄 만한 위엄을 누렸던 레셉스는 자국 사법관에 의해 가장 비천한 범죄자 신분으로 추락했다. 레셉스가 사망했을 때 그의 관은 무심한 군중 사이를 외롭게 지나가야 했다. 오직 외국의 통치자들만이 역사상 가장 위대한 인물 중 한 명이라고 칭송하며 그를 추모하고 경의를 표했다.[19]

하지만 지금까지 언급한 다양한 사례는 극단적인 형태의 위엄을 보여준다. 위엄의 심리학을 세세한 부분까지 정립하려면 종교나 제국 창시자부터 새 옷이나 장신구로 이웃의 마음을 사로잡으려는 평범한 사람까지 쭉 이어지는 스펙트럼의 양 끝에 이런 형태의 위엄이 자리 잡게끔 해야 할 것이다.

이 스펙트럼의 위에서 가장 멀리 떨어져 있는 단어들 사이사이, 즉 양 끝 사이사이에 과학, 예술, 문학 등 문명을 형성하는 다양한 요소

---

19 오스트리아 빈에서 발간되는 《신자유신문(Neue Freie Presse)》은 레셉스의 운명을 다루는 기사를 실었다. 심리학적 관점에서 탁월하게 접근했기에 이 기사를 인용한다.
"페르디낭 드 레셉스가 유죄판결을 받은 뒤로 우리는 이제 크리스토퍼 콜럼버스의 슬픈 결말을 놀라워할 수도 없게 되었다. 페르디낭 드 레셉스가 사기꾼이라면 모든 숭고한 꿈은 범죄다. 고대인이라면 그의 명예에 영광의 관을 씌우고 올림포스산 한가운데서 넥타르를 마시게 했을 것이다. 그가 지구의 모습을 바꾸고 신의 창조를 완성하는 과업을 완수했기 때문이다. 고등법원 재판장은 페르디낭 드 레셉스에게 유죄를 선고해서 자신의 이름을 영원히 남기게 되었다. 삶 자체가 동시대인에게 하나의 긍지였던 노인에게 죄수복을 입히려고 한 시대를 비굴하게 만들기를 마다하지 않는 자의 이름을 사람들이 언제까지나 물을 것이기 때문이다. 대담한 업적에 반대하는 관료적 증오가 판치는 이곳에서 더는 우리에게 불굴의 정의에 대해 말하지 말라. 국민은 자신을 믿으며 몸을 사리지 않고 모든 장애를 극복하는 대담한 인물을 필요로 한다. 천재는 신중할 수 없다. 신중했다면 인간의 활동 영역을 넓히지 못했을 것이다. 페르디낭 드 레셉스는 승리의 도취와 환멸의 쓴맛을 모두 겪었다. 바로 수에즈 운하와 파나마 운하 사업이다. 여기서 마음은 성공의 윤리를 거역한다. 레셉스가 두 바다를 잇는 데 성공했을 때, 군주들과 여러 국가는 그에게 경의를 표했다. 오늘날 그는 산맥에 가로막혀 실패했고 저속한 사기꾼이 되고 말았다. 여기서 사회계급 간 갈등이 일어났다. 불만에 찬 고급 관리와 피고용인들은 다른 사람보다 높이 올라가려는 사람들에게 형법으로 복수한다. 현대 입법자들은 천재의 사상에 당혹스러워하고 국민은 그 사상을 더욱이 이해할 수 없었다. 그렇기에 법무관이 스탠리는 살인자고 레셉스는 사기꾼이라고 결론 내리기가 그렇게 어려운 일은 아니었다."

와 관련된 모든 형태의 위엄이 놓일 수 있다. 그리고 위엄이 설득의 필수 요인이라는 점도 확인할 수 있다. 무의식적이건 아니건, 위엄을 지닌 존재나 사상, 사물은 전염을 통해 곧바로 모방되며, 감정을 느끼고 생각을 표출하는 특정한 방식을 한 세대 전체에 강요한다. 이때 모방은 무의식적이며, 그래서 더욱 완벽해진다. 현대 화가들은 원시주의 화가들의 경직된 태도와 사라져버린 색을 재현하고 있지만, 정작 그런 영감을 어디서 받는지는 짐작조차 못 한다. 그들은 자신들이 그 화풍을 창조해냈다고 믿지만, 탁월한 대가가 이 예술 형태를 복원하지 않았더라면 그들은 지금도 이 예술의 유치하고 열등한 측면만 볼 것이다. 또 다른 저명한 대가를 본떠서 화폭을 보라색으로 가득 채운 화가들이 50년 전 화가들보다 더 많은 보라색을 자연에서 발견한 건 아니었다. 이들은 기상천외할 정도로 보라색에 집착했지만, 권위를 획득한 한 화가의 특별하고 개인적인 인상에 암시를 받은 것뿐이다. 문명을 형성하는 모든 요소에서 이런 예시는 쉽게 찾아볼 수 있다.

지금까지 살펴보았듯이, 위엄이 형성되는 데는 다양한 요인이 개입한다. 그중 가장 중요한 요인은 항상 성공이다. 성공한 모든 사람, 권위를 인정받은 모든 사상은 그러했다는 사실 자체로 반론이 제기되지 않는다. 성공이 위엄의 주요 근거 중 하나라는 증거는 성공이 무너지면 위엄도 사라진다는 점이다. 어제까지 군중에게 환호를 받던 영웅도 실패하면 그다음 날 바로 야유를 받는다. 위엄이 클수록 이런 반응은 더욱 격렬하게 나타난다. 군중은 추락한 영웅을 자신들과 동등하게 여기고, 이제는 인정할 수 없는 우월함에 숨죽였다는 사실에 복수한다. 로베스피에르가 동료와 수많은 프랑스인의 목을 베었을 당시 그는 엄청난 권세를 누리고 있었다. 그러다가 몇 명이 다른 목소리를 내면서 그의 권력을 탈취하자 그는 곧바로 위엄을 잃었고, 군중은 전날 희생된 사람들에게 퍼붓던 저주를 똑같이 쏟아내며 그를 단두대에 세웠다. 신도들은 언제나 분노에 휩싸여서 자신이 섬기던 신의 입상을 깨부순다.

실패로 빼앗긴 위엄은 순식간에 사라진다. 위엄은 이의가 제기되어도 빛이 바래는데, 그 속도가 느린 만큼 결과는 확실하다. 이의가 제기된 위엄은 이미 위엄이 아니다. 자신의 위엄을 오랫동안 지킬 줄 알았던 신과 인간은 어떤 반론도 결단코 허용하지 않았다. 군중의 찬양을 받으려면 늘 군중과 일정한 거리를 유지해야 한다.

04

군중의 변덕스러운
사상과 신념의 한계

1. 불변의 신념

생명체의 해부학적 특성과 심리학적 특성 사이에는 공통성이 있다. 해부학적 특성 중에는 지질시대만큼 오랜 시간이 걸려야 바꿀 수 있는 불변 혹은 거의 변하지 않는 요소가 있다. 이렇게 좀처럼 변하지 않는 고정된 특성이 있는가 하면 툭하면 바뀌는 특성도 있다. 이 특성은 환경에 따라 혹은 사육자와 원예가의 기술에 따라 쉽게 바뀌는데, 관찰력이 좋지 않은 사람은 본질적 특성을 발견할 수 없을 정도다.

도덕적 특성에서도 같은 현상이 발견된다. 한 민족의 변하지 않는 심리적 요소 옆에는 잘 바뀌고 변덕스러운 요소들이 존재한다. 그래서 한 민족의 신념과 의견을 연구하다 보면 항상 바위를 덮은 모래처럼 유동적인 의견이 흔들리지 않는 고정된 토대를 뒤덮고 있음을 확인할 수 있다.

군중의 신념과 의견은 두 유형으로 명확히 나뉜다. 한 유형은 수세기 동안 지속하며 문명 전체의 근간이 되는 항구적이고 원대한 신념이다. 과거의 봉건주의, 기독교 사상, 종교개혁 사상과 오늘날의 민족주의 원칙, 민주주의, 사회주의 사상이 여기에 해당한다. 다른 유형은 시대마다 생겼다 사라지는 일시적이고 변덕스러운 신념으로, 대개 보편적 이해에서 출발한다. 이를테면 특정 시기에 예술과 문학을 주도하는 이론들, 구체적으로 말해 낭만주의와 자연주의, 신비주의 등을 낳은 이론들이 여기에 속한다. 이들 신념은 대개 유행만큼 피상적이고 빠르게 변한다. 비유하자면 호수와 먼바다의 수면에 쉴 새 없이 부서졌다 사라지는 작은 파도와 같다.

원대한 신념이 보편화되기도 하는데, 그런 사례는 매우 드물다. 이런 신념의 탄생과 소멸은 모든 민족의 역사가 다다른 절정과 맞물리고 문명의 진정한 골조를 이룬다.

군중의 영혼에 일시적인 의견은 손쉽게 심을 수 있다. 하지만 지속되는 신념은 세우기가 매우 어렵고 한번 파고들면 다시 허물기도 어렵다. 과격한 혁명을 대가로 치러야만 이 신념을 바꿀 수 있다. 게다가 신념이 군중의 영혼에 미치는 영향력을 거의 다 잃어야만 혁명이 힘을 발휘한다. 말하자면, 관습이라는 굴레에 묶여 겨우 버티며 폐기된 것이나 다름없던 신념을 혁명이 결정적으로 치워버리는 셈이다. 요컨대, 혁명이 시작되면 신념은 종말을 맞는다.

원대한 신념에 죽음의 표식이 찍히는 날은 단번에 알아볼 수 있다. 바로 신념의 가치에 이의가 제기되기 시작하는 날이다. 모든 일반적 신념은 허구나 다름없어 분석의 대상이 되지 않는다는 조건에서만 존속할 수 있다.

하지만 신념이 크게 흔들려도, 이 신념에서 나온 제도는 힘을 유지하며, 사라지더라도 그 속도가 아주 느리다. 그러다 마침내 신념이 완전히 힘을 잃으면 신념이 지탱하던 모든 것도 이내 무너진다. 어떤 민족이든 신념이 바뀌면 문명을 구성하던 모든 요소도 바뀔 수밖에 없었다.

민족은 모두가 받아들일 수 있는 새롭고 일반적인 신념을 찾을 때까지 문명의 모든 요소를 바꾼다. 당연히 그때까지는 지독한 혼돈을 겪을 수밖에 없다. 일반적 신념은 문명을 세우는 데 필요한 기둥과 같다. 사상이 나아갈 방향을 결정하기 때문이다. 오직 일반적 신념만이 믿음을 심어주고 의무감을 형성한다.

민족은 언제나 일반적 신념을 얻어야 유리하다는 사실을 의식해왔고, 이 신념이 사라지면 몰락의 시간이 왔음을 본능적으로 알았다. 로마인은 신념에 사로잡혀 로마를 광적으로 숭배했고, 세계의 지배자가 되었다. 그러나 신념이 사라졌을 때 로마도 쇠락할 수밖에 없었다. 로마 문명을 파괴한 야만인들은 공통된 신념을 획득한 뒤에야 얼마간 뭉쳐서 무질서 상태에서 빠져나올 수 있었다.

민족이 예전부터 편협할 정도로 확신을 지켜온 데는 다 이유가 있다. 편협함은 철학의 관점에서 보면 비판받아야 마땅하지만, 민족의 삶에는 가장 필요한 미덕이다. 신념을 확립하고 지키기 위해 중세시대에 그토록 많은 화형대가 세워졌고, 발명가와 혁신가들은 형벌을 면할지언정 절망 속에서 죽어갔다. 신념 때문에 세계가 수없이 전복되었고, 수백만 명이 전쟁터에서 죽었으며 지금도 죽고 있다.

일반적 신념을 세우기는 매우 어렵다. 하지만 신념이 완전하게 잡히면 오랫동안 무엇도 꺾을 수 없는 막강한 힘을 발휘한다. 그래서 철학적 오류가 있더라도 가장 학식 있는 이들에게조차 권위를 인정받는다. 유럽 민족들을 가까이 들여다보면, 그들은 15세기 전부터 몰록 신(성경에 나오는 가나안 지방의 신인데, 어린이를 제물로 바쳐 제사를 지낸다)처럼 야만스러운 종교 설화를 부정할 수 없는 진실로 여겼다.[20] 피조물

---

20 철학적 관점에서 야만적이라는 뜻이다. 실제로 그 야만인들은 완전히 새로운 문명을 창조했고, 1,500년 동안 꿈과 희망으로 가득 찬 낙원을 사람들이 믿도록 이끌었다. 인간은 이제 그 낙원의 존재를 믿지 않을 것이다.

인 인간이 명령에 복종하지 않았다고 제 아들에게 처참한 형벌로 복수한 어떤 신의 전설에 담긴 끔찍한 불합리성은 수 세기 동안 드러나지 않았다. 갈릴레오 갈릴레이, 뉴턴, 라이프니츠와 같은 뛰어난 천재들도 그 교리에 이의를 제기할 수 있다는 생각조차 하지 않았다. 일반적 신념이 만들어내는 최면 효과를 이보다 더 잘 입증하는 것도, 우리 정신의 굴욕스러운 한계를 이보다 더 잘 드러내는 것도 없다.

군중의 정신에 새로운 신념이 뿌리내리면 이 신념은 제도와 예술, 행동에 영향을 끼친다. 신념이 군중의 영혼을 지배하는 힘은 가히 절대적이다. 행동하는 사람은 신념을 실천할 생각만 하고, 입법자는 신념을 적용할 뿐이며, 철학자와 예술가와 문학가 들은 신념을 다양한 형태로 표현하는 데만 전념한다.

근본적인 신념에서 부수적이고 일시적인 사상이 돌발적으로 생길 수 있지만, 그런 사상에도 항상 기본 신념의 흔적이 남아 있다. 이집트 문명, 중세시대의 유럽 문명, 아랍인의 무슬림 문명도 소수의 종교적 신념에서 출발했고, 신념은 문명의 지극히 작은 요소에도 흔적을 남겼기에 우리는 그 흔적을 금방 알아볼 수 있다.

이처럼 일반적 신념으로 인해 시대마다 사람들은 전통과 사고방식, 관습이라는 그물망에 둘러싸인다. 그들은 이 굴레에서 벗어나지 못하고, 그 안에서 서로 닮아간다. 특히 신념과 여기서 나온 관습이 인간을 지배한다. 신념과 관습은 우리 존재의 아주 작은 행동까지 통제하기 때문에 독립심이 투철한 사람도 거기에서 벗어날 생각을 하지 못한다. 진정한 폭정이란 사람의 영혼에 무의식적으로 파고드는 폭정이다. 이런 폭정에는 맞서 싸울 수 없기 때문이다. 티베리우스 황제, 칭기즈 칸, 나폴레옹도 모두 가공할 만한 폭군이었지만, 모세와 석가모니, 예수, 무함마드, 루터는 무덤에 있으면서도 사람들의 영혼을 전혀 다른 방식으로 더욱 강력하게 지배하고 있다. 음모로 폭군을 쓰러뜨릴 수 있을지언정, 단단히 뿌리내린 신념을 꺾을 수 있을까? 프랑스 대혁명은 군중의 명백한 지지와 종교재판처럼 가차 없는 파괴를 불러왔지만, 결국 가톨릭 사상과 대립하며 패배하고 말았다. 인류가 겪은 수많은 실질적 폭군은 언제나 죽은 이의 망령이거나 인간이 지어낸 환상이었다.

일반적 신념이 안고 있는 철학적 부조리는 단 한 번도 신념이 승리하는 데 걸림돌이 된 적이 없다. 오히려 신념이 수수께끼 같은 신비로운 불합리를 담고 있어야만 승리할 수 있는 것처럼 보였다. 따라서 오늘날 사회주의 이념이 군중의 영혼을 지배하지 못하도록 가로막은 것은 거기에 담긴 명백한 약점이 아니다. 사회주의 이념이 다른 모든 종교적 신념에 비해 뒤떨어진다는 사실은 이렇게 설명할 수 있다. 종교가 약속하는 행복은 내세에만 실현 가능하므로 누구도 행복이 실현되지 않는다고 해서 이의를 제기하지 못한다. 하지만 사회주의가 약속하는 행복의 이상은 지금 이 세상에서 실현되어야 한다. 따라서 이상을 실현하려고 시도하면 이내 약속이 공허하다는 사실이 드러나고, 이 새로운 신념은 곧 위엄을 잃는다. 사회주의가 힘을 키워나가더라도, 그 힘은 실질적인 이상이 실현되기 시작하는 날까지일 것이다. 그러므로 이전의 모든 종교와 마찬가지로 새로운 종교가 처음부터 파괴자의 역할을 맡으면 그다음에는 창조자의 역할을 할 수 없게 된다.

2. 변덕스러운 군중의 의견

지금까지 우리는 불변하는 신념과 그 힘에 대해 알아보았다. 이 신념 위에는 끊임없이 생겼다 사라지는 의견과 사상, 생각이 하나의 층을 이루고 있다. 어떤 것은 하루밖에 살지 못하고, 아무리 중요해도 한 세대를 넘어가는 경우는 드물다. 우리는 앞서 이들 의견 안에서 일어나는 변화는 실제보다 훨씬 피상적이며 민족의 특성이 각인되어 있다는 점을 강조했다. 우리는 프랑스의 정치제도를 예로 들어서 군주주의, 급진주의, 제국주의, 사회주의 등이 겉으로는 상반되어 보이지만 실제로는 완전히 똑같은 이상을 품고 있으며, 이 이상은 오직 프랑스인의 정신구조에서 나왔다는 점을 밝혔다. 다른 민족은 전혀 다른 이상을 비슷한 말로 사용하고 있기 때문이다. 따라서 사건을 바라보는 의견에 다른 이름을 붙이거나 의견을 기만적으로 각색한다고 해서 사건의 본질이 바뀌지는 않는다. 프랑스 대혁명 당시 라틴문학의 영향을 받은 부르주아는 로마 공화국을 선망해서 로마법은 물론이고 집정관의 권위를 상징하는 휘장과 로마인이 입던 토가까지 받아들이고 제도와 모범을 모방하려고 애썼다. 하지만 그들은 역사적 암시의 영향을 짙게 받고 있었기에 로마인이 될 수는 없었다. 철학자의 역할은 표면적 변화에 굴하지 않고 과거의 신념 안에서 살아남은 것을 찾아내고, 끊임없이 출렁이는 의견들 속에서 무엇이 일반적 신념과 민족의 영혼을 통해 결정되는지 구분하는 것이다.

이렇게 철학적 기준을 마련하지 않으면 우리는 군중이 정치적·종교적 신념을 그들 마음대로 이리저리 바꾼다고 생각할 수 있다. 정치와 종교, 예술, 문학 등 모든 분야에서 역사는 실제로 그런 일이 잦았다는 사실을 입증한다.

1790년부터 1820년까지 프랑스 역사의 짧은 기간을 예로 들어보자. 이른바 한 세대의 수명에 해당하는 30년이다. 이 기간에 군중은 먼저 왕정주의자였다가 혁명가가 되었고, 그다음에는 제정주의자가 되었다가 다시 왕정주의자로 돌아갔다. 종교를 놓고 보면, 같은 기간에 군중은 가톨릭교도에서 무신론자와 이신론자를 거쳐 다시 가장 극단적인 형태의 가톨릭교도로 돌아갔다. 이는 군중만이 아니라 군중을 이끈 지배층도 마찬가지였다. 왕을 불구대천 원수로 대하며 신도 지도자도 원하지 않았던 국민공회 의원들이 나폴레옹의 비천한 종복이 되었다가, 루이 18세 시절에는 경건하게 양초를 들고 예배 행렬에 참여하는 모습을 보면 놀라지 않을 수 없다.

그뒤로 이어지는 70년 동안에도 군중의 의견은 많은 변화를 보였다. 19세기 초반에 '불신의 알비온'(유럽 대륙에서 영국을 모멸적으로 지칭할 때 쓰던 표현 - 역주)은 나폴레옹의 후계자가 통치하던 프랑스의 동맹이 되었다. 두 차례나 프랑스의 침략을 겪었고 프랑스의 마지막 패배를 뜨겁게 반기던 러시아도 별안간 우방이 되었다.

문학과 예술, 철학에서 변화의 바람은 더욱 빨랐다. 낭만주의, 자연주의, 신비주의 등 수많은 사조가 차례로 나타났다 사라졌다. 어제 칭송을 받던 예술가와 작가가 이튿날에는 철저하게 경멸당했다.

그런데 겉으로 보기에는 이렇듯 심오한 변화를 분석하면 우리는 무엇을 발견하게 될까? 바로, 일반적 신념과 민족의 감정에 상반되는 모든 것은 일시적이라는 점이다. 샛강은 강물의 본줄기와 만나기 마련이다. 일반적 신념이나 민족의 감정과 얽히지 않은 의견은 단단히 박혀 있지 않고 모든 우연에 이리저리 흔들린다. 다시 말해, 장소가 조금만 바뀌어도 변한다. 암시와 전염으로 형성된 의견은 언제나 일시적이다. 바람에 실려 바닷가에 쌓인 모래언덕만큼 순식간에 생겼다가 사라진다.

오늘날 군중의 의견은 다른 어느 때보다도 유동적이다. 이유는 세가지로 설명할 수 있다.

첫째, 점차 영향력을 잃어가는 옛 신념이 예전만큼 일시적인 의견에 영향을 미치지도, 방향을 제시하지도 못하기 때문이다. 일반적 신념이 사라지면 과거도 미래도 없는 의견이 수없이 생겨난다.

둘째, 군중의 힘은 점점 커지는데 견제 세력은 차츰 약해져서, 군중 안에서 언제고 사상이 극단적으로 요동칠 수 있기 때문이다.

셋째, 군중에게 수시로 상반된 의견을 제시하는 언론이 최근 급속히 증가하고 있기 때문이다. 언론이 제각기 만들어내는 암시는 곧 그와 상반된 암시로 제거된다. 그래서 어떤 의견도 확산하지 못하고 금세 사라질 수밖에 없다. 일반적 의견이 될 정도로 충분히 퍼지지 못하고 소멸하는 것이다.

이렇게 다양한 이유로 세계 역사상 가장 새롭고 현시대를 특징짓는 현상이 생겼다. 이제 정부는 여론을 주도할 여력이 없다.

옛날에, 그것도 그렇게 멀지 않은 옛날에는 정부의 힘과 몇몇 작가하고 소수 언론의 영향력이 실질적으로 여론을 쥐락펴락했다. 하지만 오늘날 작가들은 영향력을 잃었고 언론은 여론을 반영할 뿐이다. 정치인은 여론을 주도하기는커녕 뒤따르기에도 벅차다. 때로는 공포로 둔갑해서 정책의 일관성을 빼앗아 가버리는 여론을 두려워해서다.

군중은 여론을 등에 업고 점차 정치의 최상위 결정자가 되려고 한다. 오로지 민중운동의 산물이라고 할 수 있는 프랑스와 러시아의 동맹에서 볼 수 있듯이, 군중은 동맹을 강요하기까지 한다. 오늘날 교황과 왕, 황제가 군중이 특정 사안을 어떻게 판단하는지 듣기 위해 기꺼이 간담회를 여는데, 이는 매우 흥미로운 현상이다. 예전에는 정치에 감정이 얽히지 않았다. 하지만 정치가 이성도 모르고 오직 감정에만 휘둘리는 군중의 변덕스러운 충동을 따르기만 하는 오늘날에도 그렇다고 할 수 있을까?

한때 여론을 주도했던 언론은 정부처럼 군중의 세력 앞에서 물러날 수밖에 없었다. 물론 언론은 지금도 강력한 힘을 거느리고 있지만, 이는 언론이 오로지 여론과 여론의 끊임없는 추이를 반영하기 때문이다. 단순한 정보기관으로 전락한 언론은 사상이나 교리를 전파하려는 노력을 포기했다. 언론은 대중의 의견이 변화하는 양상을 쫓아가기에 바쁜데, 언론끼리의 경쟁 때문에 그렇게 하지 않으면 독자를 잃기 때문이다. 이전 세대가 마치 경건하게 신탁을 듣듯이 읽던《르 콩스티튜시오넬(leConstitutionnel)》,《주르날 데 데바(Journal des Débat)》,《르 시에클(leSiècle)》도 예전에는 영향력 있는 점잖은 매체였지만, 지금은 정보와 가십기사, 사교계 숙덕공론, 금융광고가 뒤섞인 정보지가 되어버렸다.

집필자가 개인 의견을 밝히며 풍부한 내용을 제공하는 신문은 어디에 있을까? 정보를 찾거나 재미만 추구하고, 조언을 들으면 그 뒤에 속임수가 있는 건 아닌지 의심만 하는 독자가 이런 의견을 얼마나 진지하게 들을까? 비평가도 책이나 공연작품을 세상에 소개할 능력이 더는 없다. 책이나 공연작품에 해만 끼칠 뿐, 도움이 되지 않는다. 비평이나 개인 의견이 쓸모없다는 사실을 너무나 잘 아는 신문은 문학 평론란을 점차 줄이고 책 제목과 설명글 몇 줄로 책을 소개할 뿐이다. 20년 후면 공연 평론도 마찬가지가 될 것이다.

여론을 면밀히 감시하는 일이 오늘날 언론과 정부의 주요 관심사다. 그들은 사건이나 법안이나 연설이 가져오는 효과를 하나도 놓치지 않고 알아야 하지만, 이는 쉽지 않은 일이다. 군중의 생각만큼 변덕스러운 것도 없어서, 군중이 어제는 갈채를 보내놓고 오늘은 맹렬히 비난을 퍼붓는 일이 툭하면 벌어지기 때문이다.

이렇듯 여론을 이끌어가는 주체가 없고 일반적 신념도 해체되면서, 모든 신념은 산산이 흩어졌고 군중은 직접적인 이해관계가 없는 일에는 점차 무관심해졌다. 사회주의 같은 이념을 진정한 신념에 차서 옹호하는 사람은 광산이나 공장 노동자처럼 무지한 계층에서만 찾아볼 수 있을 뿐이다. 얼마간 교육을 받은 소시민은 회의주의자가 되거나 일관성 있는 의견을 제시하지 못한다.

30년 전부터 이어온 이런 변화는 놀라울 정도다. 그렇게 멀지 않은 지난 세기, 즉 18세기에는 여론에도 일반적인 방향성이 있었다. 달리 말해 기본 신념을 받아들이면서 여론이 형성되었다. 왕정주의자라는 사실만으로 역사에서건 과학에서건 아주 확고한 사상을 견지하고 있었고, 공화주의자였다는 사실만으로 사뭇 상반된 사상을 세우고 있었다. 왕정주의자는 인간이 원숭이의 후손이 아니라고 부정했고, 공화주의자는 인간이 원숭이의 후손이라고 확신했다. 프랑스 대혁명을 거론하면 왕정주의자는 공포에 떨었고, 공화주의자는 존경심으로 가득 찼다. 로베스피에르, 장 폴 마라(Jean Paul Marat, 1734~93, 프랑스 대혁명 시기에 로베스피에르, 당통과 함께 자코뱅당의 중심에서 활약한 3인 중 한 명)처럼 경건하게 입에 올려야만 하는 이름이 있는가 하면, 율리우스 카이사르, 아우구스투스 황제처럼 욕설을 함께 퍼붓지 않으면 입 밖에 낼 수 없는 이름도 있었다. 파리 소르본대학교에서도 여전히 이렇게 어리석은 방법으로 역사를 해석한다.[21]

오늘날 모든 의견은 논쟁과 분석 앞에서 모든 권위를 상실한다. 의

---

21 이런 관점에서 볼 때 프랑스 교수들이 쓴 책은 매우 흥미로우며, 프랑스 대학교육이 비판정신을 거의 키워주지 못한다는 사실을 알 수 있다. 소르본대학교의 역사학 교수였고 교육부장관을 지낸 사람이 프랑스 대혁명에 대해 발췌한 내용을 인용해보겠다.
"바스티유 감옥을 점령한 내란은 프랑스 역사는 물론 유럽 전체 역사에서도 분수령이 된 사건으로 세계사의 새로운 시대를 열었다!"
"로베스피에르의 독재가 무엇보다도 여론과 설득, 도덕적 권위에 근거했다는 사실을 알면 깜짝 놀라지 않을 수 없다. 로베스피에르의 독재는 고결한 인물에게 바치는 일종의 교황직이었다."

견 각각의 관점은 빠르게 쇠퇴하고 우리를 열광하게 하는 관점도 거의 살아남지 못한다. 현대인은 점점 더 무관심에 빠져들고 있다.

의견이 퇴색한다고 너무 안타까워하지는 말자. 이런 현상이 한 민족의 삶이 시든다는 징후라고 해도 우리는 여기에 반론을 제기할 수 없다. 혜안을 지닌 선각자, 사상 전도사, 군중의 지도자는 부정적인 사람들, 비판적인 사람들, 무관심한 사람들과 전혀 다른 힘을 쥐고 있는 게 분명하다. 하지만 지금은 군중의 힘이 세졌기 때문에, 하나의 의견이 권위를 인정받을 만한 위엄을 획득한다고 해도 곧 전제적 폭군이 되어 모두를 무릎 꿇게 하는 통에 자유로운 토론의 시대는 오랫동안 중단되고 만다는 사실을 잊어서는 안 된다. 군중은 엘라가발루스 황제(로마제국의 제23대 황제), 티베리우스 황제 시대처럼 평화를 사랑하는 지배자를 자처하기도 한다. 하지만 동시에 끝없이 변덕을 부린다. 문명이 군중 손에 떨어지면 그때부터 오로지 우연에 휘둘리기 때문에 오래갈 수 없다. 붕괴의 시간을 일각이라도 늦출 수 있는 건 출렁이는 여론과 일반적 신념에 군중이 보이는 무관심일 것이다.

Psychologie des foules

3부

군중의 다양한 분류와 설명

군중의 분류

우리는 이 책에서 심리적 군중에게 공통으로 나타나는 일반적 특성을 알아보았다. 이제 다양한 범주의 집단이 일정한 자극을 받아 군중을 형성할 때 일반적 특성에 더해지는 고유한 특성을 살펴보자.

먼저 군중을 어떻게 분류할 수 있는지 간략하게 설명하겠다.

우리의 출발점은 단순히 다수로 구성된 무리다. 다양한 종족에 속하는 개인이 다수를 이룰 때 가장 열등한 형태의 군중이 형성된다. 이 다수의 공통분모는 오직 지도자를 따르려는 의지뿐이다. 수 세기 동안 로마제국을 침략했던 야만인들이 대표적인 예다.

다양한 종족의 무리 위에는 여러 요인의 영향으로 공통된 특성을 획득해서 민족을 이룬 무리가 있다. 그들은 이따금 군중의 고유한 특성을 나타내기도 하지만, 대개는 민족성에 압도된다.

이 두 유형의 무리는 이 책에서 다룬 여러 요인의 영향을 받아서 조직적 군중, 곧 심리적 군중으로 탈바꿈한다. 이렇게 조직된 군중은 다음과 같이 분류할 수 있다.

A. 이질적 군중
    1. 익명 군중(예: 거리의 군중)
    2. 비익명 군중(예: 배심원단, 의회 등)
B. 동질적 군중
    1. 분파(정파, 종파 등)
    2. 배타적 폐쇄계급(군대, 성직자, 노동자 등)
    3. 계급(부르주아, 농민 등)

이렇게 다양한 부류의 군중을 구분하는 특성을 간략히 알아보자.

1. 이질적 군중

이 집단의 특성은 우리가 이미 앞에서 알아보았다. 이질적 군중은 직업이나 지능에 상관없이 평범한 개인들로 구성된다.

군중 안에 개인이 있지만 집단심리는 각 개인의 심리와 본질적으로 다르고, 지능도 여기에 영향을 미치지 못한다는 사실을 우리는 이미 알고 있다. 앞서 살펴보았듯이, 집단 안에서는 지능도 아무런 역할을 하지 못한다. 무의식적 감정만이 작용할 뿐이다.

기본 요인인 민족으로 다양한 이질적 군중을 제법 명확하게 구분할 수 있다.

우리는 이미 여러 차례 민족의 역할을 살펴보았고, 민족이 인간의 행동을 결정지을 수 있는 가장 강력한 요인 중 하나임을 증명했다. 민족은 군중의 특성에도 영향을 미친다. 예를 들어, 평범한 개인이지만 영국인이나 중국인처럼 한 민족으로 구성된 군중은 마찬가지로 평범한 개인이지만 러시아, 프랑스, 스페인 등 다양한 민족으로 구성된 군중과는 확연히 다르다.

상당히 드문 일이지만, 어떤 정황 때문에 표면상의 공통 이익이 생겨서 서로 다른 국적의 개인이 엇비슷한 비율로 결집해 군중을 형성했다고 가정해보자. 이들은 타고난 정신구조에 따라 생각하고 느끼는 방식에서 큰 차이를 드러낼 것이다. 사회주의자들이 대규모 집회에서 각국의 노동자 대표들을 결집하려고 시도할 때마다 대표들이 격렬하게 대립하며 끝이 났다. 보수 성향의 혁명적인 라틴계 군중은 자신들의 요구를 관철하기 위해 한사코 국가의 개입을 호소할 것이다.

그들은 항상 중앙집권주의를 따르며, 일정 정도 독재정권을 지지하는 경향이 있다. 반대로 영국 혹은 미국 군중은 국가에 기대지 않고 오직 개인의 자주적 행동에 호소한다. 프랑스 군중은 평등을 부르짖고 영국 군중은 자유를 강조한다. 국가의 수만큼 많은 형태의 사회주의와 민주주의가 있는 것도 바로 민족의 차이점 때문이다.

따라서 민족의 영혼이 군중의 영혼을 완전히 지배한다고 할 수 있다. 민족정신은 군중의 동요를 잠재우는 강력한 토대다. 민족정신이 강할수록 군중의 뒤떨어진 특성은 덜 두드러진다는 사실을 기본 법칙으로 인식하자. 군중의 상태는 야만이며 군중이 지배하게 되면 야만으로 돌아가는 것이나 마찬가지다. 민족은 단단하게 조직된 집단정신을 얻어야만 군중의 무의식적인 힘에서 자유로워지고 야만에서 벗어날 수 있다.

민족 말고도, 이질적 군중을 분류하는 또 하나의 중요한 기준은 익명성이다. 익명을 기준으로 길거리의 군중 같은 익명 군중과, 심의회와 배심원단 같은 비익명 군중으로 구분할 수 있다. 익명 군중에는 없고 비익명 군중에만 있는 책임감에 따라 두 부류의 군중이 보이는 행동은 매우 달라진다.

2. 동질적 군중

동질적 군중에는 분파와 배타적 폐쇄집단, 계급이 있다.

분파는 동질적 군중이 조직되는 첫 단계다. 분파는 신념만이 공통분모고 교육 수준과 직업, 환경은 서로 다른 개인들로 구성된다. 예로는 종파, 정파가 있다.

배타적 폐쇄집단은 군중을 조직하는 가장 높은 단계다. 분파가 신념 공동체로 서로 다른 직업과 교육 수준, 환경의 개인들로 구성된다면, 폐쇄집단은 같은 직업에 종사하기 때문에 교육 수준과 환경이 엇비슷한 개인들로 구성된다. 예로는 군대, 성직자를 들 수 있다.

계급은 신념 공동체를 이루는 분파와 직업 공동체를 이루는 폐쇄집단과 달리, 출신은 다양하되 이해관계와 생활방식, 교육 수준이 유사한 개인들로 형성된다. 부르주아 계급과 농민계급이 여기에 해당한다.

분파와 폐쇄집단, 계급으로 분류되는 동질적 군중은 다음 책에서 연구하기로 하고, 이 책에서는 이질적 군중에 대해 알아보려고 한다. 이질적 군중 중에도 전형이라 할 수 있는 몇 가지 부류만 살펴보겠다.

범죄자로 분류되는 군중

　일정 기간 자극을 받으면 군중은 무의식중에 암시에 휘둘리는 꼭두각시 상태가 되기 때문에 어떤 상황에서도 그들을 범죄자로 규정하기는 힘들다. 내가 '범죄자'라는 잘못된 표현을 쓰는 이유는 단지 최근에 심리학자들이 이 용어를 인정했기 때문이다. 군중의 어떤 행동은 그 자체만 놓고 보면 분명 범죄가 맞다. 이는 호랑이가 힌두인 한 명을 새끼들이 물어뜯으며 가지고 놀게 두었다가 마지막에 그를 잡아먹는 행동을 두고 범죄라고 하는 것이나 마찬가지다.

　군중이 저지르는 범죄의 동기는 강력한 암시며, 범죄에 가담한 개인은 스스로 의무를 따랐을 뿐이라고 확신한다. 이런 경향은 어느 범죄자와는 전혀 다르다.

군중이 저지른 범죄의 역사가 이를 잘 보여준다.

전형적인 예로, 바스티유 요새 겸 감옥의 사령관인 드 로네(Bernard-René Jourdan de Launay, 1740~89, 바스티유 습격 당시 바스티유 주둔군의 지휘관)가 살해당한 사건을 들 수 있다. 바스티유가 함락되고 나서 사령관은 극도로 흥분한 군중에게 둘러싸여 폭행당했다. 그를 교수형에 처해야 한다, 목을 베어야 한다, 말꼬리에 매달자 등 여러 주장이 터져나왔다. 드 로네는 발버둥 치다가 실수로 이 광경을 지켜보던 사람 한 명을 발로 찼다. 발길질 당한 사람이 사령관의 목을 베자고 제안했고 군중은 곧장 환호했다.

"발로 차인 사람은 실직 상태의 요리사로 무슨 일이 일어나는지 보려고 바스티유로 간 어중이었다. 그는 다른 사람들과 마찬가지로 사령관을 처단하는 것이 애국적 행동이며, 잔악한 자를 처단하는 행동은 훈장을 받아 마땅하다고까지 생각했다. 그는 군중이 건네준 칼로 사령관 목을 내리쳤으나 칼날이 무뎌 한 번에 끝내지 못했다. (고기를 손질하는 작업에 능란한 요리사인) 그는 다행히 주머니에 있던 검은색 손잡이가 달린 작은 칼을 꺼내 처형을 마무리할 수 있었다."

이 사례에서 앞서 다룬 메커니즘이 뚜렷이 드러난다. 집단 안에서 더욱 강력해진 암시에 복종하고, 범죄자면서 칭송받을 만한 행동을 했다고 굳게 믿으며, 시민들에게 만장일치에 가까운 동의를 얻었다고 자연스레 확신하는 것이다. 이런 행동을 법적으로는 범죄라고 할 수 있지만 심리학적으로는 그렇게 규정할 수 없다.

이른바 범죄자 군중의 일반적 특성은 암시에 잘 걸리고, 맹신하고, 변덕스러우며, 좋건 나쁘건 감정이 과장되고, 어떤 형태로든 도덕성이 드러나는 등 모든 군중에게서 나타나는 일반적 특성과 동일하다.

프랑스 역사에 가장 참혹한 기억을 남긴 군중 안에서도 이 모든 특성을 찾아볼 수 있다. 바로 9월 대학살(1792년)을 일으킨 군중이다. 그들은 성 바르톨로메오 축일 대학살을 자행한 군중과도 흡사하다. 이폴리트 텐은 당시 회고록을 토대로 9월 대학살을 자세하게 다루었다. 여기서 텐의 연구를 빌려와 사건의 세세한 내막을 알아보겠다.

누가 죄수들을 학살하고 감옥을 비우자는 명령이나 제안을 했는지 아직도 정확히 밝혀지지 않았다. 당통이었을 가능성이 크지만 다른 인물이었을 수도 있다. 하지만 누구건 중요치 않다. 우리로서는 오직 학살을 저지른 군중이 받은 강렬한 암시가 중요하다.

학살에 가담한 군중은 300명가량이었고, 이질적 군중의 완벽한 전형이었다. 극소수의 건달을 제외하면 대부분이 상점 주인, 구두 수선공, 열쇠공, 가발 제조업자, 벽돌공, 사무원, 심부름꾼 등 각종 직업에 종사하는 사람들이었다. 암시에 걸린 그들은 앞서 언급한 요리사처럼 자신들이 애국적 사명을 완수한다고 철석같이 믿었다. 그들은 판사와 사형집행인 역할을 동시에 수행했지만, 결코 스스로 범죄자라고 생각하지는 않았다.

자신들의 의무가 중요하다는 생각이 군중을 파고들자, 그들은 일종의 법정을 만들었고 곧바로 그들의 미숙한 정신과 그만큼 어리석은 공정성이 그대로 드러났다. 피고인 숫자가 너무 많다는 판단이 서자, 군중은 먼저 귀족, 사제, 관리, 왕의 종복 등 선량한 애국자가 보기에 직업 자체만으로도 유죄가 인정되는 사람들을 별도의 판결 없이 한꺼번에 처형하기로 결정했다. 이 과정에서 특별한 판결은 필요하지 않았다. 나머지는 외모와 평판에 따라 판결했다. 군중은 미숙한 양심을 이런 방식으로 속였기 때문에, 합법적으로 학살을 자행하고 잔혹한 본성을 자유롭게 풀어놓을 수 있었다. 잔혹함이 어떻게 형성되는지 앞에서도 알아보았지만, 집단 안에서 잔혹함은 아주 높은 수준으로까지 치달을 수 있다. 이때 잔혹함과 상반된 감정이 동시에 표출될 수 있다. 이를테면 감수성이 잔인한 감정만큼 극단적으로 커지는데, 이는 군중이 자주 드러내 보이는 현상이다.

그들은 파리 노동자의 넘치는 동정심과 예민한 감수성을 지니고 있었다. 수도원(파리에 있는 생 제르맹 데 프레 수도원을 가리킨다 - 역주) 감옥에 갇힌 이들이 26시간 동안 마실 물도 없이 방치되었다는 사실을 알게 된 한 혁명당원은 게으른 간수를 처단하려고 했다. 죄수들이 애

원하지 않았다면 그는 정말로 간수를 죽였을 것이다. 죄수 한 명이(임시재판에서) 무죄판결을 받자 간수와 혁명당원들이 모두 그를 열정적으로 포옹하고 손뼉을 치며 환호했다. 그러고는 다시 학살하기 시작했다.

학살이 자행되는 동안 흥겨운 분위기가 감돌았다. 그들은 시체를 둘러싸고 춤을 추며 노래를 불렀고, 귀족들을 죽이는 광경을 여성들이 앉아서 볼 수 있도록 의자를 마련했다. 그들 특유의 공정성을 보이기도 했다. 아베이 감옥에서 한 사형집행자가 좀 멀리 떨어져 있는 여성들에게는 잘 보이지 않고 몇 명만 귀족이 구타당하는 모습을 구경하는 즐거움을 누린다고 불평하자 군중은 이 의견이 타당하다고 여기고, 희생자가 두 줄로 늘어선 학살자들 사이로 천천히 지나가게 했다. 그리고 희생자들이 고통받는 시간을 늘리려고 그들을 칼등으로 치게 했다. 라포르스 감옥에서는 모든 희생자의 옷을 모조리 벗기고 30분간 난도질한 다음 마지막에 모두가 지켜보는 앞에서 배를 갈라 죽였다.

한편 학살자들은 매우 양심적이었고, 우리가 앞서 살펴본 군중의 특징인 도덕심을 드러냈다. 그들은 희생자들의 돈과 보석을 훔치지 않고 혁명당 위원회 탁자에 가져다놓았다.

군중의 모든 행동에서 우리는 초보 형태의 이성적 추론이라는 군중의 특성을 보게 된다. 1,200명에서 1,500명에 이르는 국가의 적을 참수한 뒤에 누군가 다른 감옥에 갇혀 있는 거지와 부랑자, 어린 죄수들이 쓸데없이 식량을 축내고 있으니 이들을 쫓아버려야 한다고 지적했고, 이 제안은 즉각 받아들여졌다.

물론 거기에는 분명 민중의 적이 있었는데, 이를테면 한 죄수의 과부인 들라뤼 부인 같은 사람이다. "그녀는 자신이 감옥에 갇혔다는 사실에 분통이 터졌을 것이다. 할 수만 있다면 파리에 불이라도 질렀을 것이다. 그녀는 그렇게 말했을 것이다. 아니 그렇게 말했다." 논거가 그럴듯했기에, 열두 살에서 열일곱 살 소년 50여 명을 포함한 죄수가 모두 한꺼번에 학살당했다. 이 아이들이 훗날 국가의 적이 될 수도 있으므로 죽이는 것이 결국에는 이득이라고 판단했기 때문이다.

일주일에 걸친 모든 학살이 끝난 뒤에야 학살자들은 쉴 수 있었다. 속으로 조국에 공헌했다고 확신하던 그들은 당국에 포상을 요구했다. 가장 헌신적이었던 사람들은 훈장을 요구하기까지 했다.

1871년 파리 코뮌 역사에서도 이와 유사한 사건을 여럿 찾아볼 수 있다. 군중의 영향력은 점차 커지고 권력기관이 차례로 군중에게 항복하면서 유사한 사례가 더 늘어날 수밖에 없다.

03

중죄재판소의 배심원단 군중

이 책에서 모든 유형의 배심원단을 알아볼 수 없으므로 가장 중요한 중죄재판소 배심원단만 살펴보자. 이 배심원단은 익명성을 띠지 않는 이질적 군중을 보여주는 훌륭한 표본이다. 암시에 잘 걸리고, 무의식적 감정이 득세하고, 이성적 추론 능력이 떨어지며, 지도자의 영향력이 거센 경향은 배심원단에서도 잘 드러난다. 중죄재판소 배심원단에 대해 살펴보다 보면 군중심리학을 모르는 사람이 흔히 저지를 수 있는 실수의 흥미로운 사례를 발견하게 된다.

먼저, 배심원단은 판단을 내릴 때 군중을 이루는 다양한 개인의 지적 수준은 그다지 중요하지 않다는 명백한 증거를 보여준다. 우리는 심의회가 온전히 기술적인 문제를 제외한 사안을 놓고 의견을 내어야 할 때 구성원의 지적 수준은 아무런 역할도 하지 못한다는 점을 이미 확인했다. 또한 지식인과 예술가의 모임도 단지 그들이 무리를 이루었다고 해서 일반 주제를 둘러싸고 석공이나 식료품상의 모임과 크게 다른 의견을 제시하지 않는다는 사실을 알고 있다. 과거 어느 시대에나 프랑스 정부는 배심원단을 구성할 후보자를 신중하게 물색했고, 주로 교수나 공무원 등 식견을 갖춘 계층에서 배심원을 선발했다. 오늘날 배심원은 대부분 소상공인이나 중소기업가, 임금노동자 가운데서 모집한다. 그런데 놀랍게도, 통계자료를 보면 배심원단이 어떻게 구성되건 그들이 내린 판결은 동일했다. 배심원 제도에 그토록 적대적인 사법관들도 이런 주장이 정확하다고 인정할 수밖에 없었다. 중죄재판소 소장을 지낸 베라르 데 글라주(Bérard des Glajeux, 1833~1912)는 회고록에서 이 문제를 이렇게 설명했다.

"오늘날 배심원단 선발은 시의회 의원 손에 넘어갔다. 그들은 각자의 상황에 담긴 정치적 사안이나 선거 관심사에 따라 제멋대로 배심원을 선발하거나 배제한다. 뽑힌 사람 대부분은 과거에 선발된 배심원보다 비중이 덜한 상인이거나 행정기관 공무원이다. 그들의 의견과 직업은 배심원단이 하는 역할 안에서 사라진다. 많은 배심원이 초심자다운 열의를 보였고, 강한 의지로 참여했다가 보잘것없는 상황에 놓이기도 하지만, 배심원단의 정신은 바뀌지 않았다. 배심원단의 판결은 한결같았다."

데 글라주의 결론은 정확하므로 염두에 둘 만하지만, 설명은 빈약해서 굳이 기억하지 않아도 된다. 설명이 엉성하다고 놀랄 필요는 없다. 판사와 마찬가지로 변호사도 군중심리학, 즉 배심원들의 심리를 잘 모르기 때문이다. 방금 인용한 데 글라주의 글에서 그 증거를 찾을 수 있다. 중죄재판소의 저명한 변호사인 라쇼(Lachaud)는 현명한 사람이 배심원이 되기만 하면 어김없이 기피 신청권을 행사했다. 하지만 경험을 통해 이렇게 기피해도 아무런 소용이 없었음이 드러났다. 오늘날 적어도 파리에서는 검찰과 변호사가 모두 기피 신청권을 포기한다는 점이 증거가 될 수 있다. 데 글라주가 지적했듯이 판결은 바뀌지 않았다. 최선의 판결도, 최악의 판결도 아니었다.

모든 군중이 그렇듯, 배심원도 감정에 큰 영향을 받고 이성적 추론에는 거의 흔들리지 않는다. 한 변호사는 "배심원은 아이에게 젖을 물리는 여인이나 고아들의 행렬을 보면 마음이 흔들린다"고 했다. 데 글라주도 "배심원단의 호의를 얻는 데는 상냥한 여성 한 명이면 충분하다"고 썼다.

배심원은 자신에게도 충분히 일어날 수 있고 사회에도 위험스럽다고 판단되는 범죄에는 엄중하지만, 이른바 치정 범죄에는 상당히 관대하다. 배심원이 미혼모가 유아를 살해한 사건에 엄격한 판결을 내리는 사례는 드물었고, 자신을 저버린 남자에게 황산을 뿌린 어린 여성에게 가혹한 경우는 더더욱 드물었다. 이런 범죄는 사회에 위험하지 않고, 법이 버림받은 어린 여성을 보호하지 않는 국가에서는 복수에 나선 여성의 범죄가 바람둥이 남자를 위협할 수 있으므로 사회적으로 해롭기보다는 오히려 유용하다고 배심원들이 본능적으로 느끼기 때문이다.[22]

모든 군중과 마찬가지로 배심원도 권위에 마음이 사로잡힌다. 데글라주 중죄재판소 소장도 배심원단은 민주적으로 구성되지만, 그 안에서 배심원들은 귀족적인 것에 마음을 빼앗기는 성향이 있다고 정확하게 지적했다. "이름과 출신, 많은 재산, 명망, 저명한 변호사의 보좌 등 피고인을 돋보이고 빛내는 요소들은 피고인이 유리한 판결을 받는 데 큰 도움이 된다." 훌륭한 변호사라면 군중에게 하듯이 배심원단의 감정에만 호소하고 추론은 배제하거나 아주 간단히만 적용해야 한다. 중죄재판소에서 승소하며 유명해진 한 영국 변호사가 배심원단을 상대로 변호하는 방법을 잘 보여주었다.

"변호사는 변론하면서 배심원들을 뚫어지게 살펴야 한다. 그러면

---

22 배심원단은 사회에 위험한 범죄와 그렇지 않은 범죄를 본능적으로 아주 잘 구분하는데, 이 구분이 상당히 타당하다는 점을 지적하고 싶다. 형법의 목적은 위험한 범죄로부터 사회를 보호하는 것이지 복수에 있어서는 안 된다. 그런데 프랑스 법전, 특히 프랑스 사법관의 정신은 여전히 오래된 원시법의 징벌 정신에 빠져 있다. '공소(vindicte, 징벌을 뜻하는 라틴어 vindicta에서 유래했다)'라는 용어도 여전히 일상적으로 쓰인다. 수많은 사법관이 재범자만 형벌에 처하도록 명시한 훌륭한 베랑제 법을 적용하지 않고 있다는 증거는 많다. 초범자를 처벌하면 그가 거의 다시 범죄를 저지른다는 사실을 모르는 사법관은 없을 것이다. 통계자료가 보여주기 때문이다. 판사들은 범죄자를 풀어주면 사회가 그에게 복수하지 못했다고 생각하는 것 같다. 그래서 복수를 못 하니, 차라리 재범자를 만드는 쪽을 선택한다.

유리한 순간이 온다. 변호사는 직감과 경험으로 배심원의 표정에서 각 문장과 단어가 가져오는 효과를 읽어내고 거기서 결론을 이끌어낸다. 변호사는 그렇게 재빨리 배심원의 결정을 확보하고 나서, 반대로 심기가 불편한 듯한 배심원에게 옮겨가 그가 왜 피고인을 반대하는지 알아내야 한다. 이 과정은 매우 까다로운 작업이다. 한 사람에게 유죄 판결을 내리려고 하는 데는 정의감 말고도 수많은 이유가 있기 때문이다."

이 글은 변론술의 목적을 훌륭하게 요약하고, 미리 써놓은 변론이 왜 쓸모없는지 잘 보여준다. 배심원들이 드러내는 표정에 따라 그때 그때 구사하는 표현을 바꿔야 하기 때문이다.

변호사가 배심원단 모두의 마음을 바꿀 필요는 없다. 지도자처럼 배심원단의 의견을 주도하는 인물들의 마음만 얻으면 된다. 군중과 마찬가지로 배심원단에도 항상 다른 배심원에게 방향을 제시하는 소수의 개인이 있다. 앞서 인용한 변호사는 이렇게 말했다. "판결을 내리는 순간에는 나머지 배심원단의 마음을 휘어잡을 영향력 센 인물 한두 명만 있으면 충분하다." 섬세한 암시로 설득해야 하는 사람이 바로 이 두세 명이다. 가장 먼저 그리고 누구보다도 특히 이들의 마음을 사로잡아야 한다. 이렇게 마음이 열린 군중 속 개인은 본인에게 제시된 어떤 것이라도 훌륭한 이유로 받아들이고 설득당할 준비가 되어 있다. 변호사 라쇼의 일화도 이를 잘 보여준다.

"중죄재판소에서 변론하는 내내 라쇼는 영향력 있지만 까다롭다고 알려지거나 그렇게 보이는 두세 명의 배심원에게서 눈을 떼지 않았다. 대체로 그는 이렇게 고분고분하지 않은 배심원들의 마음을 사로잡는 데 성공한다. 하지만 한번은 지방 재판소에서 45분 동안 집요하게 논증하며 한 배심원을 설득하려고 했으나 소용없었다. 둘째 줄 첫 자리에 앉은 일곱 번째 배심원이었다. 절망적인 상황이었다. 그런데 라쇼는 열정적으로 변론하던 도중에 갑자기 멈추더니 재판장에게 이렇게 말했다. '재판장님, 저쪽 맞은편에 있는 커튼을 좀 쳐주시겠습니까? 일곱 번째 배심원께서 햇빛 때문에 눈이 부신 것 같습니다.' 일곱 번째 배심원은 얼굴을 붉히더니 웃으면서 고맙다고 했다. 그렇게 라쇼는 변론에 승소했다."

매우 탁월한 작가를 포함한 다수의 작가가 최근 배심원 제도를 맹렬하게 공격했다. 하지만 배심원 제도는 어떤 제약도 받지 않는 배타적 폐쇄집단이 그토록 빈번하게 저지르는 오류를 가로막을 수 있는 유일한 안전장치다.[23] 교양 있는 계층에서만 배심원을 선출하길 바라는 작가들도 있다. 하지만 우리는 이미 배심원단을 교양인들로만 구성해도 그 판결은 지금 나온 판단과 똑같으리라는 점을 논증했다.

또 다른 작가들은 배심원들이 저지르는 오류를 지적하며 배심원 제도를 폐지하고 판사로 대체해야 한다고 말한다. 하지만 그토록 비난하는 배심원단의 오류는 판사가 이미 먼저 저지른 과오라는 사실을 어떻게 잊을 수 있단 말인가? 피고인이 배심원단 앞에 선 것은 이미 예심판사와 검사, 중죄기소부 등 다수의 사법관이 그를 유죄라고 판단했기 때문이다. 따라서 피고인이 배심원단 대신 사법관들에게 최종 판결을 받는다면 무죄를 인정받을 유일한 기회를 잃는 것이나 다름없다. 배심원단의 오류는 항상 그 이전에 사법관이 저지른 실수다. 그러므로 아무개 의사가 유죄판결을 받은 것처럼 끔찍한 사법적 오류를 저질렀다고 비난을 받아야 하는 사람은 오직 사법관이다.

지능이 낮은 한 여성이 의사에게 30프랑을 주고 낙태 수술을 받았다고 고발하자, 너무나 편협한 예심판사는 여인의 말만 듣고 아무개 의사를 기소했다. 여론의 분노가 폭발해서 국가 원수가 사면하지 않았다면 이 의사는 감옥에 갔을 것이다. 모든 시민이 나서서 그 의사가 얼마나 신망이 두터운지 보증한 덕분에 판사의 어이없는 오류가 여실히 드러났다.

---

23 판사는 어떤 제약도 받지 않고 행동할 수 있는 유일한 행정관이다. 수많은 혁명이 있었는데도 민주주의 프랑스에는 영국이 그토록 자랑스러워하는 인신보호법(1679년 영국 의회가 불법적인 체포와 재판을 금하고 인권 보장을 확립하기 위해 규정한 법률 - 역주)같은 제도가 없다. 프랑스는 모든 폭군을 몰아냈다. 하지만 각 도시에 개인이 보유한 시민의 자유와 명예를 판사가 마음대로 처분할 수 있는 사법관 제도를 설치했다. 이제 막 법대를 졸업한 신참 예심판사한테도, 가장 존경할 만한 시민이더라도 자기가 생각하기에 유죄라고 추정되면 누구에게도 유죄를 입증하거나 해명하지 않고 감옥에 보낼 수 있는 막강한 권한이 있다. 그는 심리를 한다는 핑계로 그들을 6개월에서 1년까지 붙잡아두었다가 배상금이나 사과 한 마디 없이 풀어줄 수 있다. 오늘날 체포영장은 옛 왕정시대에 그토록 비난받던 왕의 봉인장과도 같은데, 왕의 봉인장이 중요 인물에게만 발부되었다면, 체포영장은 식견과 독립성과는 거리가 먼 모든 시민계층에 발부된다.

사법관들도 그 점을 인정했다. 하지만 배타적 폐쇄집단답게 사법관들은 의사에게 사면권이 돌아가지 않도록 막기 위해 할 수 있는 모든 방법을 동원했다. 기술적인 세부사항 때문에 배심원이 이해하지 못하는 사건과 이와 유사한 모든 사건의 경우, 배심원단은 복잡한 사안을 다루는 데 이골이 난 사법관들이 사건을 이미 심의했다고 생각하고 자연스럽게 검사의 말을 유심히 듣는다. 그렇다면 오류를 범한 장본인은 누구일까? 배심원일까, 아니면 사법관일까? 배심원 제도는 고이 간직하자.

배심원단은 그야말로 어떤 개인도 대신할 수 없는 유일한 형태의 군중이다. 모두에게 동등하게 적용해야 하기에 무조건 원칙을 고수하고 특수한 경우를 인정하지 않는 법의 경직성을 오직 배심원단만이 완화할 수 있다. 동정심을 헤아리지 못하고 오직 법조문만 외우는 판사는 직업 특유의 엄격함을 들이대며 살인을 저지른 절도범과 남자에게 버림받고 아기를 살해한 여성에게 똑같은 처벌을 내릴 것이다. 하지만 배심원단은 버림받은 여성이 법망을 빠져나간 남자보다 죄가 훨씬 가벼우니 여성에게는 관용을 베풀어야 마땅하다고 본능적으로 느낀다.

나는 배타적 폐쇄집단의 심리와 다른 여러 유형의 군중심리를 두루 알기 때문에 내가 범죄를 저질렀다고 억울하게 고소당하면 사법관들이 아닌 배심원단에게 판결을 맡길 것이다. 배심원단이 내게 무죄

판결을 내릴 가능성은 크지만, 사법관들이 그럴 가능성은 거의 없기 때문이다. 군중의 힘도 두려워해야 하지만, 배타적 폐쇄집단의 힘은 더욱이 두려워해야 한다. 군중은 설득할 수 있지만, 배타적 폐쇄집단은 절대로 굽히지 않는다.

04

유권자 군중

　유권자 군중, 즉 공직자를 선출하기 위해 소집된 집단은 이질적 군중을 형성한다. 하지만 다양한 후보자 중 한 명을 선출한다고 명확히 규정된 역할만 하기 때문에, 이들한테서는 우리가 앞서 살펴본 특성의 일부만 발견할 수 있다. 유권자 군중은 이성적 추론 능력이 약하고, 비판정신이 없으며, 과민하고 단순화하는 경향이 있다. 지도자의 영향력과 앞서 언급한 요인들, 즉 확언, 반복, 위엄, 전염이 그들의 결정에 영향을 미친다.

　유권자 군중의 마음을 어떻게 사로잡는지 살펴보자. 가장 성공한 방법을 짚다 보면 그들의 심리를 명확하게 추론할 수 있을 것이다.

　후보자가 갖춰야 할 첫 번째 조건은 위엄이다. 개인의 위엄은 재력이 받쳐주는 위엄으로만 대신할 수 있다. 재능과 천재성마저도 성공 요인이 아니다.

후보자가 위엄을 세워야 할 필요성, 즉 반론의 여지없이 자신을 인정하게 만드는 힘은 굉장히 중요하다. 노동자와 농부가 과반수를 차지하는 유권자들은 자신들 중에서 대표자를 선출하는 경우가 거의 없다. 유권자들이 보기에 자신들과 같은 신분에서 배출된 인물은 어떤 위엄도 없기 때문이다. 유권자들이 자신들과 동등한 인물을 선출했다면 대개 부수적인 이유에서다. 이를테면 유권자가 의존해야 하는 탁월한 인물이나 고집불통인 고용주에게 저항하기 위해서다. 그렇게 하면 잠시라도 탁월한 인물이나 고용주의 지배자가 되는 환상을 품을 수 있기 때문이다.

하지만 위엄이 있다고 해서 성공이 보장되는 건 아니다. 유권자는 자신의 욕망과 허영심을 알아주는 사람에게 끌린다. 그래서 후보자는 기상천외한 아첨을 퍼부어야 하고 현실성이 없는 약속도 서슴지 않아야 한다. 유권자가 노동자라면 고용주를 아무리 욕하고 비난해도 지나치지 않다. 또한 상대 후보자는 모르는 사람이 없을 정도로 소문난 건달이며 수많은 범죄를 저지른 전력이 있다고 유권자에게 확언, 반복, 전염을 통해 널리 알려서 납작하게 만들어주어야 한다. 물론 증거를 댈 필요까지는 없다. 만약 상대 후보자가 군중심리를 모른다면 확언에 다른 확언으로 맞서는 대신 논거를 대며 자신의 억울함을 증명하려고 할 것이다. 바로 그 순간부터 그가 선거에서 이길 승산은 완전히 사라진다.

문서로 된 공약은 너무 단정적이어서는 안 된다. 나중에 상대 후보자가 반박할 수도 있기 때문이다. 하지만 구두 공약은 한없이 부풀려도 된다. 거침없이 대규모 개혁도 약속할 수 있어야 한다. 이 구두 공약은 당장 큰 효과를 내지만, 나중에는 아무런 책임도 지지 않는다. 꾸준히 관찰해보니, 유권자는 당선자가 큰 박수갈채를 받은 공약이나 당선에 기여했을 선거공약을 얼마나 지키는가에 관심이 없었다.

여기서 우리는 앞서 살펴본 설득의 모든 요인을 찾아볼 수 있다. 우리는 이미 단어와 경구가 지닌 절대적인 힘을 짚어보았다. 단어와 경구는 유권자를 설득할 때도 힘을 발휘하는데, 이를 잘 구사할 줄 알면 얼마든지 원하는 방향으로 군중을 이끌 수 있다. 천한 자본, 비열한 착취자, 훌륭한 노동자, 부의 사회화와 같은 표현은 이미 진부해졌지만, 여전히 동일한 효과를 낸다. 그래도 의미가 열려 있어 다양한 열망에 끼워 맞출 수 있는 경구를 찾은 후보자는 틀림없이 성공한다. 1873년 스페인에서 벌어진 유혈혁명은 이렇게 의미가 복잡해서 누구나 마음대로 해석할 수 있는 마법 같은 단어와 함께 시작되었다. 당시한 작가는 혁명이 어떻게 일어났는지 다음과 같이 설명한다.

"극단주의 세력은 중앙집권적 공화국이 위장된 군주제일 뿐이라는 사실을 알게 되었다. 의회는 그들을 구슬리려고 만장일치로 연방공화국을 선포했지만, 참여한 의원 중 누구도 자신들이 무엇을 위해 투표했는지 설명하지 못했다. 하지만 연방공화국이라는 용어는 모두의 마음을 사로잡았고, 도취와 열광의 분위기를 선사했다. 이제 막 미덕과 행복의 시대가 지상에 펼쳐지는 듯했다. 반대파가 연방이라는 말을 거부하자, 한 공화주의자가 심한 모욕이라도 받은 듯이 불같이 화를 냈다. 사람들은 길에서 마주치면 '연방공화국 만세'라고 외쳤다. 그후, 군인의 신성한 불복종과 자율권을 찬양하는 노래가 들리기 시작했다. '연방공화국'은 무엇이었을까? 누군가에게는 지방자치, 미국의 연방제도와 동일한 제도 혹은 행정기관의 지방분권화를 의미했다. 또 다른 누군가는 모든 권력기관의 해체와 대대적인 사회적 숙청의 시작이라고 여겼다. 바르셀로나와 안달루시아의 사회주의자들은 최소의 행정구역에 절대적 자치권을 넘겨줘야 한다고 주장했다. 나아가, 스페인에 만 개의 자치도시를 세우고 자체적으로 법률을 제정하게 하는 동시에 군대와 기병대를 해산해야 한다고도 했다. 남부 지방에서는 폭동이 일어나 이 도시에서 저 도시로, 이 마을에서 저 마을로 번져나갔다. 한 자치구는 혁명을 선언하고 즉각 모든 전신과 철로를 파괴해서 주변 자치구하고 마드리드와 소통을 차단했다. 연방주의는 폭력적인 지방분권주의로 탈바꿈해서 방화와 학살이 일어났고, 스페인 곳곳에서 유혈이 낭자한 해방의 축제가 열렸다."

유권자의 정신에 이성적 추론이 미치는 영향은 선거 관련 집회 보고서만 읽어보아도 쉽게 알 수 있다. 선거 관련 집회에서는 확언과 욕설, 때로는 주먹질이 오갈 뿐, 이성은 전혀 찾아볼 수 없다. 잠깐이라도 침묵이 내려앉는 순간은 한 까다로운 참석자가 후보자에게 난처한 질문을 하겠다고 선언할 때다. 이런 질문이 나오면 항상 청중은 즐겁다. 하지만 반대자들이 만족스러워하는 시간은 오래가지 않는다. 먼저 발언한 사람의 목소리가 곧 반대파 사람들이 내지르는 고함에 덮이기 때문이다. 다음은 일간지에 실린 수많은 유사 기사 중 내가 선택한 글로, 대중 집회의 전형을 보여준다.

"주최자가 참석자들에게 의장을 선출해 달라고 하면 소동이 맹위를 떨친다. 무정부주의자들은 연단으로 뛰어올라 책상을 치워버리려고 하고, 사회주의자들은 안간힘을 쓰며 그 책상을 지키려고 한다. 서로를 밀고자, 변절자라고 비난하며 치고받았다. 한 시민은 눈에 멍이 든 채로 집회장을 빠져나갔다.

소란한 중에도 마침내 그럭저럭 책상이 자리를 잡았고 발언권은 아무개 동지에게 돌아갔다. 그가 사회주의자들에게 맹비난을 퍼붓자, 사회주의자들은 '멍청이! 강도!'라고 소리치며 연설을 가로막았다. 이에 아무개 동지가 사회주의자는 '얼간이', '사기꾼'일 수밖에 없다고 응수했다.

어제저녁 알마니스트당[사회주의자 장 알르만(Jean Allemane, 1843~1935)

을 추종하는 사람들 - 역쥐이 포부르뒤탕플가에 있는 상공회의소 강당에서 5월 1일 노동자의 날 축제를 준비하기 위한 집회를 열었다. 구호는 '안정과 평화'였다. 한 동지가 사회주의자들더러 '꼴통', '게으름뱅이'라고 비난했다. 이 말에 연설가와 청중이 서로 욕설을 퍼부으며 치고받고 싸웠다. 의자와 벤치, 책상이 날아다녔다."

이런 집회 장면이 특정 계급의 유권자에게만 특수하게 나타나고 유권자의 사회적 상황에 따라 달라진다고 생각해서는 안 된다. 학식 있는 사람들로만 구성된 집회를 포함해 모든 익명의 집회에서 토론은 방금 설명한 장면대로 흘러간다. 나는 이미 군중이 된 사람들은 정신적으로 평등해지는 경향이 있다고 설명했고, 우리는 매번 그 증거를 마주하고 있다. 다음은 내가 1895년 2월 13일 일간지《르 탕(Le Temps)》에서 찾은 기사로, 학생들로만 구성된 집회를 취재한 보고서다.

"밤이 깊어질수록 더욱 혼란스러워질 뿐이었다. 한 연설가가 두 문장 이상 말하는 것을 보지 못했다. 매번 이쪽에서 저쪽으로 옮겨 다니며 고함이 튀어나왔고, 여기저기서 동시에 들리기도 했다. 손뼉을 치며 환호하는가 하면 곧장 야유가 쏟아지기도 했다. 청중 사이에서도 격렬한 말싸움이 시작되었다. 지팡이를 휘두르며 위협하는 학생도 있었고, 장단에 맞춰 발을 구르는 학생도 있었다. 누군가 말싸움을 가로막으면 아우성이 뒤따랐다. '저 사람을 쫓아내라!', '연단에 올라라!' C 군은 협회를 향해 추악하고 비열하고 흉포하며 천하고 부패했다고 원색적인 수식어를 쏟아냈다. 그리고 해산하게 만들겠다고 엄포를 놓았다."

우리는 이런 조건에서 어떻게 유권자가 의견을 형성할 수 있는지 의아할 수 있다. 하지만 이렇게 질문하는 것 자체가 한 집단이 누릴 수 있는 자유의 수준을 놓고 이상한 환상을 품었다는 걸 뜻한다. 군중에게는 주어진 의견이 있을 뿐, 군중이 이성적으로 추론해서 의견을 내지는 않는다. 이때 유권자의 의견과 표의 향방을 결정하는 건 선거위원회며, 선거위원회의 지도자는 노동자들에게 외상을 주며 강력한 영향력을 행사하는 포도주 상인들이 주로 맡는다. 오늘날 민주주의를 가장 꿋꿋하게 옹호하는 에드몽 셰러(Edmond Schérer, 1815~89)는 이렇게 썼다. "선거위원회가 무엇인지 아는가? 간단히 말해서 선거위원회는 우리 제도의 열쇠이자 정치기관의 핵심이다. 현재 프랑스는 위원회가 통치하고 있다고 해도 과언이 아니다."[24] 또한 후보자가 받아들일 만하고 충분한 재력까지 함께 지니면 선거위원회에 영향력을 행

---

24 위원회 명칭이 동호회건 조합이건, 위원회는 군중이 가져올 수 있는 가장 큰 위험을 안고 있다. 사실 위원회는 비인격체여서, 가장 억압적인 형태의 절대 권력을 행사할 수 있다. 위원회를 이끄는 지도자는 단체의 이름으로 말하고 행동하기 때문에 어떤 책임도 지지 않고 무슨 일이든 할 수 있다. 프랑스 대혁명 당시 위원회가 내린 추방형은 가장 잔인한 폭군도 감히 생각지 못한 처사였다. 폴 바라스는 혁명위원회가 국민공회 의원들을 제거하고 국민공회를 무력화했다고 주장했다. 로베스피에르는 혁명위원회의 이름을 내세울 때 절대적인 지도자의 역할을 할 수 있었다. 하지만 이 무시무시한 독재자도 자존심 때문에 혁명위원회와 결별하는 순간 모든 힘을 잃었다. 군중의 지배자는 곧 위원회를 이끄는 지도자들의 지배자다. 이보다 더 가혹한 폭정은 상상하기 어렵다.

사하기는 어렵지 않다. 후원자들의 증언에 따르면 불랑제 장군이 선거에서 여러 차례 당선되는 데 3백만 프랑이면 충분했다.

이것이 유권자 군중의 심리다. 다른 군중의 심리와 별반 다르지 않다. 그저 그만할 뿐, 더 낫지도 더 나쁘지도 않다.

그렇다고 보통선거에 반대해야 한다는 결론을 내릴 필요는 없다. 보통선거를 어떻게 해야 할지 내가 결정할 수 있다면, 우리가 지금까지 알아본 군중심리를 토대로, 또한 앞으로 설명할 이유를 토대로 나는 보통선거를 그대로 유지하련다.

물론 보통선거의 부정적 측면이 명백해서 무시할 수 없는 건 사실이다. 우리는 한 국가의 모든 계층을 나타내는 피라미드에서 꼭대기를 차지하는 극소수의 우월한 사람들이 창조한 작품이 바로 문명이며, 피라미드의 아래층으로 내려갈수록 정신적 가치는 떨어진다는 사실을 부인할 수 없다. 한 문명의 위대함은 오직 숫자만으로 드러나는 수준 낮은 구성원들의 표에 휘둘리지 않는다. 대개 군중의 표가 매우 위험한 건 분명하다. 군중의 투표로 이미 여러 차례 침략을 겪었다. 또한 사회주의가 선거에서 승리하면서 국민주권이라는 환상이 생겨났고, 우리는 더 많은 대가를 치렀다.

하지만 신념이 되어버린 사상의 강력한 힘을 생각해보면, 이론적으로 흠잡을 데 없는 이런 반박은 힘을 잃는다. 군중의 주권이라는 신념은 철학적 관점에서 보면 중세시대의 종교 교리만큼 옹호할 가치가 없지만, 오늘날 이 신념은 절대적 힘을 누린다. 그래서 예전에 우리가 종교사상을 공격할 수 없었듯이 군중의 주권이란 사상을 건드리는 것도 불가능하다. 한 현대 자유사상가가 마법의 힘을 빌어 중세시대로 건너갔다고 가정해보자. 당시를 지배하던 종교사상의 최고 권력을 두 눈으로 직접 보고 나서도 그가 종교사상에 맞서 싸우려고 할까? 악마와 계약을 맺고 마녀 집회에 있었다고 혐의를 씌워서 그를 화형시키려고 드는 재판관 앞에서 악마와 마녀 집회의 존재를 부인하려고 할까? 불어닥친 태풍에 이의를 제기하지 않듯이 군중의 신념도 더는 문제가 되지 않는다. 보통선거 원칙은 예전 기독교 교리가 누렸던 권력을 지니고 있다. 연설가와 작가 들은 그 옛날 루이 14세도 누리지 못했던 존경과 격찬을 보통선거에 보내고 있다. 따라서 모든 종교 교리를 대하는 태도로 보통선거를 대해야 한다. 오직 시간만이 보통선거와 종교 교리에 영향을 미칠 수 있다.

한편, 보통선거 원칙은 표면적으로 존재 이유가 분명해서 이 원칙을 뒤흔들려고 시도해도 무의미하다. 정치학자 토크빌은 이렇게 말했다. "평등의 시대에는 사람들이 서로 비슷해서 서로를 전혀 신뢰하지 않는다. 하지만 바로 이 동질성 때문에 그들은 대중의 판단에 무한한 신뢰를 보낸다. 모두가 계몽된 상태에서는 가장 많은 의견이 진리로 보일 수밖에 없기 때문이다."

만일 유권자의 능력에 따라 선거권을 제한하면 군중의 투표를 개선할 수 있다고 가정할 수 있을까? 나는 절대로 그럴 수 없다고 생각한다. 이미 설명했듯이 모든 집단은 어떻게 구성되건 정신적으로 열등하기 때문이다. 군중을 형성한 사람들은 언제나 비슷해지기에, 일반적인 문제를 놓고 아카데미 회원 40명이 투표한 결과가 물지게꾼 40명이 투표한 결과보다 낫지 않다. 제2제정(1852~70, 나폴레옹 3세 통치 시기의 프랑스 정부체제) 설립을 위해 실시한 선거처럼 보통선거를 비난하는 근거가 되는 선거도 유권자를 학자나 교양인으로 제한한들 결과가 달라지지는 않았을 것이다. 한 개인이 그리스어나 수학을 잘한다고 해서 혹은 건축가나 수의사, 의사, 변호사라고 해서 사회문제를 특별히 더 잘 파악하는 건 아니기 때문이다. 경제학자들은 교육을 받은 식견 있는 사람들로, 대부분 교수나 학자다. 보호무역, 양본위제 같은 일반적인 사안을 놓고 이들의 의견이 일치한 적이 있던가? 수많은 생소한 요인이 개입하는 사회문제 앞에서는 모두가 무지하다.

따라서 박식한 사람들로만 선거인단을 구성하더라도 투표 결과가 지금보다 나아지지는 않을 것이다. 그들도 자신의 감정과 소속 정당의 방침에 따라 투표하기 때문이다. 우리가 지금 겪는 어려움은 줄어들지 않을 테고 도리어 폐쇄집단의 횡포를 겪게 될 것이다.

군중이 치르는 선거는 보통선거건 제한선거건, 공화국 또는 군주국가에서 치르건 프랑스, 벨기에, 그리스, 스페인에서 치르건 어디서나 비슷하고 해당 민족의 무의식적 열망과 욕구를 반영한다. 각 나라에서 선출된 사람들의 평균은 그 민족의 보편 정서를 나타낸다. 세대가 바뀌어도 이 사실은 달라지지 않는다.

이렇게 우리는 그토록 여러 번 언급한 민족의 근본 개념과 다시 마주쳤다. 그리고 이 민족 개념에서 나온 또 다른 개념, 즉 제도와 행정기관은 국민의 삶에 별다른 역할을 하지 못한다는 점을 다시 한번 확인했다. 국민은 무엇보다도 그들이 속한 민족의 고유한 정신에 영향을 받는다. 다시 말해, 조상 대대로 내려온 잔재의 총합이 국민을 이끌고 가는 셈이다. 민족과 매일 일상에서 반복하는 일들이 우리의 운명을 지배하는 불가사의한 지배자다.

05

의회 군중

의회는 익명성이 보장되지 않는 이질적 군중이다. 모든 의회는 시대와 민족에 따라 다양한 방식으로 의원을 선출하지만 유사한 특징을 나타낸다. 민족의 영향력이 이 특성을 약화하거나 과장할 수는 있지만 드러나지 못하게 가로막지는 못한다. 그리스, 이탈리아, 포르투갈, 스페인, 프랑스, 미국 등 사뭇 다른 국가의 의회에서도 토론과 선거는 매우 유사한 양상을 띠고, 정부는 동일한 문제로 씨름한다.

게다가 의원내각제는 문명화된 현대 민족들에게는 가장 이상적인 정부 형태다. 의회제도에는 심리학적으로 오류가 있지만 널리 받아들여지는 발상, 즉 모여 있는 다수가 받아든 주제를 놓고 소수의 사람보다 더 현명한 결정을 독자적으로 내릴 수 있다는 발상이 담겨 있다.

의회도 앞서 설명한 군중의 일반적 특성, 말하자면 사고방식이 지나치게 단순하고, 과민하고, 암시에 잘 걸리며, 감정이 과장되고, 지도자의 영향력이 절대적인 경향을 나타낸다. 하지만 의회의 특수한 구성 때문에 의회 군중은 일반 군중과는 다른 측면을 보인다. 이 차이점에 대해서는 뒤에서 다시 알아보겠다.

의회의 가장 중요한 특성 중 하나는 의견이 지나치게 단순하다는 점이다. 모든 정당, 특히 라틴계 국가의 정당은 가장 까다로운 사회문제를 가장 단순한 추상적 원칙과 모든 문제에 적용할 수 있는 일반 법칙으로 해결하려는 경향이 있다. 원칙은 정당에 따라 달라진다. 하지만 개인이 군중을 이루게 되면 그들은 원칙의 가치를 과장하고 마지막 결론이 날 때까지 끝까지 밀어붙이려고 한다. 그런 까닭에 의회에서는 의견이 첨예하게 대립한다.

의회에서 의견이 단순해지는 경향을 가장 완벽하게 보여주는 정당은 프랑스 대혁명 시기의 자코뱅당이다. 당원 모두 독단적이고 논리적이며 머릿속이 온통 모호한 일반론으로 가득 찼던 자코뱅당은 사건의 개별성은 고려하지 않고 고정된 원칙만 적용하려고 들었다. 그래서 대혁명도 제대로 살펴보지 않고 밀어붙였다는 주장 역시 일리가 있다. 그들은 정당의 향방을 결정하는 지침으로 삼았던 아주 단순한 강령으로 사회를 철저하게 개조하고, 세련된 문명을 사회가 개혁되기 훨씬 이전 상태로 되돌리려고 했다. 그들이 꿈을 이루기 위해 사용한 방법도 그지없이 단순했다. 그저 자신들을 불편하게 만드는 것을 파괴할 뿐이었다. 당시 지롱드당, 산악당, 테르미도르당 등 모든 정당이 같은 생각에 사로잡혀 있었다.

의회 군중은 굉장히 쉽게 암시에 걸린다. 다른 모든 군중과 마찬가지로 암시는 권위 있는 지도자가 만들어낸다. 하지만 의회 안에서 피암시성은 뚜렷한 한계를 보인다. 이 부분은 짚고 넘어갈 필요가 있다.

해당 지역 혹은 지방의 이해관계와 얽힌 모든 사안 앞에서 의회의 각 의원은 확고한 의견을 단단히 틀어쥐고 있다. 이 확고한 의견은 어떤 논증에도 흔들리지 않는다. 위대한 웅변가인 데모스테네스조차도 강력한 보호무역이나 주류 제조 허가처럼 영향력 있는 유권자의 요구를 반영하는 문제 앞에서는 의원의 의견을 바꾸지 못한다. 그들에게 이미 자극을 준 암시가 다른 암시의 효과를 제거하고 이 의견을 절대 달라지지 않게 붙들어둘 만큼 막강하기 때문이다.[25]

내각 총사퇴, 새로운 조세 신설 등 일반적인 사안을 두고는 의견이 확고하지 않아서, 지도자의 암시가 영향을 미칠 수 있다. 그래도 일반

---

25 한 노련한 영국 의원이 다음과 같이 피력한 견해는 이처럼 사전에 결정되어 선거와 관련된 필요성 때문에 확고부동해진 의견에도 해당된다. "나는 국회에서 의원을 지낸 50년 동안 수천 번 연설을 들었다. 내 생각을 움직인 연설은 있었지만, 내 투표를 바꾼 연설은 단 한 번도 없었다."

군중에게 미치는 영향과는 다르다. 각 정당에는 동등한 영향력을 지닌 지도자들이 있다. 당연히 의원들은 상반된 암시 사이에서 우유부단해질 수밖에 없다. 한 의원이 15분 간격으로 전혀 다른 견해에 투표하거나, 하나의 법에 이 법의 취지에 어긋나는 조항을 추가하는 것도 바로 이 때문이다. 예를 들면, 기업가에게 노동자를 고용하고 해고할 권한을 쥐어주었다가 개정안으로 이 조치를 차츰 무력화하는 식이다.

그래서 의회가 열릴 때마다 의원들이 확고한 의견을 견지하는가 하면, 우유부단하게 결정을 내리지 못할 때도 있다. 사실 일반적인 문제가 가장 많아서 의원들이 망설이며 결단을 내리지 못하는 경우가 허다하고, 유권자가 두려워서 계속 이렇게 주춤거리게 된다. 유권자의 잠재적 암시가 지도자의 영향력을 잠재우기 때문이다.

하지만 의견을 확고하게 세우지 못한 의원들이 참여하는 수많은 의회 토론을 장악하는 지배자는 결국 지도자들이다.

지도자는 집단의 수장이라는 이름으로 모든 국가의 의회에 군림한다. 그들이야말로 진정한 의회의 지배자다. 군중을 이룬 개인들에게 지배자는 없어서는 안 되는 존재다. 결국 의회 투표는 대개 소수 의원의 의견만 반영한다고 볼 수 있다.

지도자는 이성적 추론보다는 대체로 권위를 세워서 영향력을 행사한다. 상황에 따라 권위를 잃으면 영향력도 미칠 수 없게 된다는 사실이 이 점을 뒷받침한다.

지도자의 위엄은 개인이 타고난 위엄이어서 명성이나 평판과는 무관하다. 쥘 시몽은 의원으로 활동했던 1848년 의회의 위대한 인물에 대해 언급하면서 흥미로운 일화를 들려준다.

"나폴레옹은 절대 권력자로 올라서기 두 달 전만 해도 한없이 보잘 것없는 인물이었다.

빅토르 위고가 연단에 올라섰다. 의원들 사이에서 큰 호응은 없었다. 의원들은 펠릭스 피아트(Félix Pyat, 1810~89, 프랑스의 언론인이자 정치인)가 하는 연설을 경청하듯이 위고의 연설도 귀담아들었다. 하지만 위고는 피아트만큼 박수를 받지 못했다. 볼라벨(Achille de Vaulabelle, 1799~1879, 프랑스의 언론인이자 정치인)이 펠릭스 피아트를 두고 나에게 이렇게 말했다. '나는 피아트의 생각이 마음에 들지 않는다네. 하지만 그가 프랑스에서 가장 위대한 작가이자 가장 위대한 연설가 중 한 명인 건 분명하지.' 보기 드물게 탁월한 지성인인 에드가르 키네(Edgard Quinet, 1803~75, 프랑스의 정치인이자 역사학자)도 별 볼 일 없는 사람 취급을 받았다. 그는 의회가 열리기 전에는 엄청난 인기를 누렸으나 의회에서는 인기가 시들했다.

정치인들의 의회는 천재의 번득임을 목격하기 힘든 곳이다. 이곳에서 관심을 끌려면 시간과 장소에 걸맞게 연설해야 하고, 조국이 아닌 정당을 위해 헌신해야 한다. 의원들이 1848년에는 라마르틴(Alphonse de Lamartine, 1790~1869, 프랑스의 시인이자 정치인으로 1848년 2월 혁명을 이끌었고 프랑스 제2공화국을 수립한 지도자 중 한 명)에게, 1871년에는 티에르(Louis Adolphe Thiers, 1797~1877, 프랑스의 정치인이자 역사학자며 제3공화국 총대 대통령)에게 경의를 표한 것은 다급하고 피할 수 없는 이해관계 때문이었다. 위험이 가시자 그들은 두려움은 물론 감사하는 마음에서도 벗어났다."

내가 이 글을 인용한 건 글에 포함된 사실 때문이지, 글이 설명하려고 하는 내용 때문이 아니다. 설명도 심리학적으로 형편없다. 군중은 지도자가 조국을 위해 헌신하느냐, 정당을 위해 헌신하느냐를 따지는 순간 군중의 특성을 잃는다. 군중은 지도자의 위엄 때문에 지도자에게 복종하는 것이지, 이해관계를 위해서나 감사해서가 아니다.

따라서 위엄을 충분히 갖춘 지도자는 거의 절대적인 권력을 쥔다. 저명한 어느 의원은 금융 사건에 연루되어 지난 선거에서 패배했으나 개인의 위엄으로 아주 오랫동안 영향력을 행사할 수 있었다. 그의 가벼운 손짓 한 번에 내각이 개편되기도 했다. 한 작가가 그의 영향력이 미치는 범위가 얼마나 넓은지 분명하게 기록했다.

"우리가 세 배나 비싸게 통킹(베트남 북부 지역)을 산 것도, 마다가스카르에서 확고한 기반을 마련하지 못한 것도, 니제르의 식민지를 빼앗긴 것도, 이집트에서 우세한 상황을 잃은 것도 다 아무개 씨 때문이다. 그의 이론 탓에 우리는 나폴레옹 1세가 잃은 영토보다 더 넓은 영토를 잃었다."

하지만 문제의 지도자를 너무 원망해서는 안 된다. 그가 우리에게 값비싼 대가를 치르게 했지만, 그는 여론을 충실히 따랐기에 영향력을 유지할 수 있었다. 식민지 문제를 바라보는 여론이 지금의 여론과 전혀 달랐을 뿐이다. 지도자가 여론을 앞서는 경우는 매우 드물다. 대개 지도자는 여론을 따르고 오류까지 끌어안아야 한다.

위엄 말고도 지도자가 활용하는 설득 수단은 우리가 이미 여러 번 살펴본 요인들이다. 이들 요인을 노련하게 구사하려면 지도자는 적어도 무의식적으로 군중심리를 꿰뚫고 군중에게 어떻게 말을 건네야 하는지 파악해야 한다. 특히 단어와 경구, 이미지가 군중을 매혹하는 힘을 알아야 한다. 증거도 필요없는 당찬 확언과 아주 초보적인 추론만이 남길 수 있는 인상적인 이미지를 끌어다 쓰는 특별한 웅변술도 갖추어야 한다. 이런 웅변술은 가장 절제된 의회인 영국 의회를 포함한 모든 의회에서 마주치게 되는 기술이다.

영국의 철학자인 메인(Henry James Maine, 1822~88, 법사학자이며 비교

역사학자)은 이렇게 말했다. "하원에서 있었던 토론 기록을 읽으면 아주 빈약한 일반론과 과격한 인신공격이 오갔음을 알 수 있다. 이런 일반적인 표현은 순수 민주주의라는 환상에 엄청난 효과를 낸다. 일반적인 주장을 강렬하게 표현해서 군중이 받아들이게 하기는 쉽다. 한 번도 입증된 적 없고 앞으로도 입증될 일 없는 주장이라도 군중은 선뜻 받아들일 것이다."

이 글에서 언급한 '강렬한 표현'의 중요성은 아무리 강조해도 지나치지 않다. 우리는 단어와 경구가 지닌 특별한 힘을 이미 여러 차례 강조했다. 무엇보다도 생생한 이미지를 떠올리게 하는 단어와 경구를 선택해야 한다. 프랑스 의회 지도자 중 한 명의 연설에서 인용한 다음 글은 강렬한 표현의 전형을 잘 보여준다.

"같은 배를 타고 뜨거운 유형지로 향하던 부패한 정치인과 살인을 저지른 무정부주의자는 대화를 이어 나가다, 서로가 상호 보완적으로 움직이며 둘이서 함께 하나의 사회질서를 만들 수도 있겠다는 점을 깨달을 겁니다."

여기서 연상된 이미지가 너무 생생해서 반대파 의원들은 위협을 느꼈을 것이다. 그들은 뜨거운 유형지와 그들을 싣고 갈 수도 있는 배를 동시에 떠올렸을 것이다. 그들이 명확히 규정할 수는 없지만 위협을 느끼는 정치인 부류에 속하기 때문이 아닐까? 그들은 국민공회 의원들이 느꼈을 은밀한 두려움을 경험했을 것이다. 국민공회 의원들은 로베스피에르의 모호한 연설을 들으며 단두대에서 목이 달아날지도 모른다는 두려움을 느꼈고, 그래서 항상 복종했다.

지도자들이 있음 직하지 않은 터무니없는 과장을 쏟아내는 이유는 그래야 이익이 되기 때문이다. 앞서 인용한 연설가는 은행가와 성직자가 폭탄 테러리스트를 고용했다거나 금융 대기업의 경영자도 무정부주의자와 똑같은 형벌을 받아야 한다고 주장했지만, 거센 항의를 받진 않았다. 이렇게 확언은 언제나 군중에게 영향을 미친다. 지나치게 격앙된 확언도 없고 지나치게 위협적인 수사 문구도 없다. 이런 웅변술보다 청중에게 더 큰 위압감을 주는 것은 없다. 청중은 여기에 항의했다가 배신자나 공모자로 몰릴까 봐 두려워하기 때문이다.

내가 방금 설명했듯이 특수한 웅변술은 모든 의회에서 효과적이며 위급한 시기에는 더욱 성행한다. 그래서 대혁명 당시 의회 구성원이었던 위대한 연설가들의 연설을 읽어보면 매우 흥미롭다. 그들은 연설하다 멈추고 범죄를 비난하며 미덕을 찬양하는 것이 의무라고 생각했다. 그런 후에 폭군을 향해 저주를 퍼붓고 자유롭게 살지 못한다면 죽겠노라고 맹세했다. 청중은 일어나서 열광적으로 박수를 보낸 뒤 다시 냉정을 되찾고 자리에 앉았다.

지도자도 지적이고 교양이 있을 수 있다. 하지만 대체로 지성과 교양은 지도자에게 유용하기보다 해롭다. 지성이 있으면 복잡한 문제를 복잡한 그대로 설명하고 이해시키려 애쓰느라 지도자에게 필요한 신념의 확고함과 과격함이 무뎌지기 때문이다. 각각의 시대 모든 지도자, 특히 대혁명 시대 지도자는 한탄스러울 정도로 편협했다. 사실 가장 편협한 지도자가 가장 큰 영향력을 미친 지도자였다.

그중에서도 가장 유명한 지도자인 로베스피에르의 연설은 도통 앞뒤가 안 맞아서 경악할 정도다. 연설문만 읽어봐서는 그가 어떻게 강력한 독재자가 되어 막강한 역할을 해냈는지 절대로 이해할 수 없다.

"평범한 사람보다는 유치한 어린아이 같은 영혼에나 통할 법한 라틴계 특유의 가르치려 드는 웅변조 표현과 일반적인 논조가 반복되고, 어린아이들처럼 '할 테면 해봐!' 하는 수준에 그치면서 공격이나 방어에 미온적이다. 사상도, 문체도, 필치도 없어 폭풍처럼 몰아치는 과장된 표현 안에서 지겨울 지경이다. 이 따분한 연설이 끝나면 카미유 데물랭(Camille Desmoulins 1760~94, 프랑스 대혁명 시기 산악파 언론인이자 정치인)처럼 '휴' 하고 한숨이 나올 정도다."

지극히 편협한 영혼과 결탁한 굳은 신념이 위엄을 지닌 사람에게 건네는 권력을 생각하면 소름이 끼친다. 하지만 이런 조건을 갖춰야만 모든 장벽을 무시하고 원하는 것을 손에 쥘 수 있다. 군중은 활기넘치는 신념가들 중에서 자신들에게 필요한 지도자를 본능적으로 알아본다.

의회에서 연설의 성공 여부는 오직 연설가가 발산하는 위엄에 달렸다. 연설가가 들이대는 근거는 아무런 상관이 없다. 어떤 원인으로 연설가가 위엄을 잃으면 즉시 영향력, 즉 투표를 원하는 방향으로 몰고 갈 힘을 잃게 된다는 사실이 그 증거다.

무명의 연설가가 납득할 만한 근거를 제시하는 연설, 오직 근거만 제시하는 연설을 하면 사람들은 들을 생각조차 하지 않을 것이다. 과거에 의원을 지낸 데큐브(Amédée Descubes, 1853~1936)는 위엄이 없는 의원을 이렇게 묘사했다.

"연단에 오르면 서류 가방에서 자료를 꺼내어 자기 앞에 차례차례 펼쳐 놓는다. 그리고 확신에 차서 연설을 시작한다. 그는 본인을 흥분시키는 신념을 청중 머릿속에 새길 수 있다고 은근히 자신한다. 그는 제시할 추론을 검토하고 또 검토했다. 통계자료와 증거도 충분하므로 자신이 옳다고 확신했다. 그가 내놓는 자명한 이치 앞에서 모든 반론은 무색해질 터였다. 연설을 시작하면 모든 동료가 자신을 주목하고 자신이 밝히는 진실에 경의를 표하리라고 확신했다.

하지만 그는 연설을 시작하고 이내 의회 안에서 일어나는 반응에 놀랐다. 게다가 웅성거리는 소리가 커지자 짜증이 나기까지 했다. 왜 웅성거리지? 왜 내 말에 집중하지 못하지? 쑤군덕거리는 사람들은 무슨 생각을 하는 걸까? 무슨 급한 일이 있어서 자리를 뜨는 걸까?

그의 얼굴에 걱정하는 기색이 비쳤다. 그는 눈살을 찌푸리더니 연설을 멈췄다. 의장의 독려로 목소리를 높여 다시 연설을 시작했지만, 연설을 듣는 의원의 수는 더욱 줄어들었다. 그는 목소리가 떨리면서 동요하기 시작했다. 주위는 더욱 소란스러워졌다. 목소리조차 들리지 않게 되자, 그는 다시 연설을 멈췄다. 하지만 침묵이 '연설 종료!'라는 유감스러운 선언으로 이어질까 두려워 더욱 소리 높여 연설하기 시작했다. 산만한 의원들을 더는 견딜 수 없을 지경이 되었다."

의회가 다소 흥분 상태에 이르면 일반적인 이질적 군중과 똑같아진다. 그래서 그들의 감정도 극단적인 특성을 드러낸다. 영웅적인 행동을 하는가 하면 한없이 과격한 행동을 보이기도 한다. 개인은 더 이상 자기 자신이 아니다. 그래서 개인의 이익을 가장 거스르는 정책에 투표하기도 한다.

프랑스 대혁명의 역사는 의회 군중이 어느 정도까지 무의식적이 되어 자신의 이익과 아예 상반된 암시에도 복종하게 되는지를 잘 보여준다. 귀족이 특권을 포기한다는 결정은 그 자체로 엄청난 희생이었지만, 대혁명 당시 그 유명한 입헌의회 밤에 그들은 조금도 망설이지 않고 특권을 포기했다. 국민공회 의원들은 면책특권을 포기하면 줄기차게 죽음의 위협에 시달리겠지만, 그래도 포기했다. 게다가 오늘 동료를 단두대로 보내면 내일은 자신이 단두대로 가리라는 걸 알면서도 서로에게 참수형을 선고하기를 두려워하지 않았다. 하지만 그들은 완전히 기계적으로 반응하기에 이르렀고, 어떤 동기도 그들이 암시에 도취해서 굴복하는 행태를 막을 수 없었다. 당시 의원이었던 자크니콜라 비요바렌(Jacques-Nicolas Billaud-Varenne, 1756~1819)의 회고록에는 그 전형적인 모습이 잘 나타나 있다. "우리는 이틀 전, 하루 전만 해도 그토록 비난받았던 결안을 원하지 않았다. 위기가 닥쳐서야 그런 결정을 내렸다." 이보다 더 적절한 표현은 없다.

이런 무의식 현상이 국민공회의 시끌시끌한 회의에서도 나타났다. 이폴리트 텐은 이렇게 말했다.

"그들은 자신들이 두려워하던 어리석은 짓, 광기 어린 짓뿐만 아니라 무고한 사람이나 친구를 살해하는 범죄행위까지 승인하고 결정했다. 좌파는 우파와 결탁해서 우레와 같은 박수와 함께 만장일치로 자신들의 타고난 수장이자 대혁명을 주동하고 이끈 당통을 단두대로 보냈다. 우파는 좌파와 결탁해서 우레와 같은 박수와 함께 만장일치로 혁명정부 최악의 법령을 표결했다. 국민공회는 콜로 데르부아(Jean-Marie Collot d'Herbois, 1749~96)와 쿠통(Georges-Auguste Couthon, 1755~94, 자코뱅당 산악파의 지도자이며 프레리알 22일 법 제안자), 로베스피에르를 향해 열정적인 지지를 보내며 탄성을 지르고 열광하면서도, 자발적으로 재선임 투표를 거쳐서 살인정권을 존속시켰다. 평원파는 혁명정부가 살인을 저질렀다는 이유로, 산악파는 혁명정부가 자신들을 학살한다는 이유로 정부를 증오했지만, 이 다수파와 소수파는 자신들의 자살에 일조하는 결정에 동의하고 말았다. 예를 들어 목월(프랑스 혁명력 아홉 번째 달, 오늘날 5월 21일~6월 19일 - 역주) 22일 국민공회는 '프레리알 22일 법'(1794년 6월 10일 제정된 공포정치법. 변호인의 입회와 증인 심문이 폐지되었고 선고는 무죄와 사형, 두 가지 판결로 축소되었다 -역주)을 통과시키면서 자신들의 목을 내놓았다. 열월(프랑스 혁명력 열한 번째 달, 오늘날 7월 20일~8월 17일 - 역주) 8일에는 로베스피에르의 연설이 끝나고 뒤이은 15분 동안 의원들이 또다시 자신들의 목숨을 앗아갈 수도 있는 법안을 통과시켰다."

무척 침울한 장면이지만, 정확한 묘사다. 흥분에 취하고 최면에 걸린 의회는 모두 같은 특성을 드러낸다. 모든 충동에 휩싸이고 변덕스러운 무리가 된다. 《르뷔 리테레르(Reveu Littéraire)》에서 인용한 아랫글은 민주주의 신념이 강했던 외젠 스풀레르(Eugène Spuller, 1835~96, 프랑스의 정치인이자 작가)가 기고한 글로, 최면에 걸려 흥분한 의회의 전형을 보여준다.

"분열과 질투, 의심, 맹목적 신념과 무절제한 기대로 공화당은 파멸해갔다. 당 전체에 퍼져 있는 불신만큼 어리석음과 순진함이 판쳤다. 합법성에 대한 감각도 없었고 규율에 대한 이해도 없었기 때문에 과도한 공포와 환상에 사로잡혔다. 그런 점에서 농부도 어린아이가 되었다. 침착한 동시에 초조해했고, 온순한 동시에 그만큼 잔혹했다.

이런 현상은 교육을 받지 못해 미숙한 사람의 특징이다. 좀처럼 놀라지 않지만 또 쉽게 당황한다. 겁먹고 바들바들 떠는가 하면 영웅적인 모습을 보이기도 한다. 불길에 몸을 던지기도 하지만 그림자 하나에 뒷걸음치기도 한다.

그들은 사건의 효과나 사건의 인과관계를 전혀 모른다. 단숨에 흥분하는 만큼 빠르게 좌절하고 쉽게 공포에 빠진다. 감정이 극단을 오가서 상황에 필요하거나 적절하게 감정을 조절할 수 없다. 물처럼 유동적이어서 모든 색채와 형태를 그대로 반영한다. 어떻게 그들이 정치의 기반을 다질 수 있으리라고 기대할 수 있었겠는가?"

다행히 우리가 지금까지 살펴본 의회의 모든 특성이 지속해서 나타나는 것은 아니다. 의회는 어떤 순간에만 군중이 된다. 의회를 구성하는 개인은 대체로 본인 개성을 유지한다. 그래서 의회는 매우 뛰어난 전문적인 법률을 고안할 수 있다. 이런 법을 마련한 인물은 조용한 사무실에 앉아서 법안을 준비한 전문가들이다. 따라서 엄밀히 말해 표결된 법은 개인의 작품이지 의회의 작품이 아니다. 당연히 이런 법이 가장 훌륭하다. 하지만 이 법도 서투른 개정을 잇따라 거치며 집단의 작품이 되면 수준이 확 떨어진다. 군중의 작품은 언제 어디서든 독립된 개인의 작품보다 못한 것이 사실이다. 의회가 지나치게 혼란스럽고 미숙한 조치를 내리지 못하도록 막아주는 건 바로 이 전문가들이다. 그래서 전문가는 잠시간 지도자다. 의회는 전문가에게 영향을 주지 못하지만, 전문가는 의회에 영향을 미친다.

운영하는 데 어려움이 따른다고 해도 의회는 민족이 찾아낸 최고의 정치제도며, 무엇보다도 개인이 휘두르는 전제라는 예속에서 벗어날 수 있는 제도다. 의회는 적어도 철학자, 사상가, 작가, 예술가, 지식인 등 문명사회의 최고점에 있는 이들에게 이상적인 정치체제임이 분명하다.

게다가 의회는 두 가지 경우에만 위험하다. 하나는 부득이하게 재정을 낭비할 때고, 다른 하나는 차츰차츰 개인의 자유를 제한할 때다.

첫 번째 위험은 유권자 군중의 요구와 즉흥성에서 비롯된 불가피한 결과다. 한 의원이 이를테면 모든 노동자에게 연금을 보장해준다든지 도로 포장 인부나 교사의 급여를 인상하는 방안처럼 민주주의 사상에 걸맞을 법한 정책을 제안했다고 가정해보자. 유권자를 두려워해야 한다는 암시를 받은 다른 의원들은 그 법안이 국가 재정에 큰 부담이 되고 세금을 또 하나 징수해야 한다는 사실을 알면서도 감히 그 법안을 거부해서 유권자들의 이익을 무시하는 듯이 처신하지 못할 것이다. 그들이 투표할 때 망설이는 건 불가능하다. 재정지출의 결과는 훗날의 이야기여서 당장 그들이 난처한 일을 겪진 않겠지만, 반대표의 결과는 유권자 앞에 서야 하는 다음 선거에 나타나기 때문이다.

이밖에도 재정지출을 늘리는 원인이 또 있다. 바로 의원들은 오직 지역의 이익을 위한 모든 지출에 동의할 의무가 있다는 점이다. 이런 지출은 유권자의 요구를 반영할뿐더러 각 의원은 동료 의원의 비슷한 요구를 들어줘야 자신의 선거구에 필요한 지원을 얻을 수 있다는 사실을 잘 알기 때문에, 여기에 어떤 의원도 반대할 수 없다.[26]

두 번째 위험, 즉 의회가 불가피하게 자유를 제약하게 되는 상황은 겉으로는 확 드러나지 않지만 상당히 현실적인 위험이다. 이는 의회가 파급을 예측하지 못하고 의무감에 젖어 무수히 많은 제한적 법안을 표결시킨 결과다.

---

26 1895년 4월 6일자 《이코노미스트(l'Economiste)》에 오직 선거와 관련된 재정지출, 특히 철도와 관련된 재정지출의 총합이 한 해에 얼마나 되는지 조사한 기사가 실렸다. 높은 산 위에 있는 도시 랑그르(인구 3,000명)와 르퀴를 연결하기 위해 1,500만 프랑의 예산이 필요한 철로를 건설하는 법안이 통과되었다. 또한 보몽(인구 3,500명)과 카스텔사라쟁을 잇는 철로 건설은 700만 프랑, 우스트 마을(인구 523명)과 세 마을(인구 1,200명)을 연결하는 철로 건설은 700만 프랑, 프라드를 올레트라는 촌락과 연결하는 철로 건설은 600만 프랑의 지출이 예상된다. 1895년 한 해에만 공익과 상관없는 철로 건설에 9,000만 프랑의 예산을 책정하는 법안이 통과되었다. 선거와 관련한 다른 지출도 이보다 적지 않다. 노동자 은퇴연금 관련법을 시행하는 데는 재무부에 따르면 1억 6,500만 프랑이 필요하지만, 르루아 보리외 교수에 따르면 그보다 훨씬 많은 8억 프랑이 필요할 것으로 추정된다. 그런 지출이 계속되면 결국 파산에 이르게 될 것이다. 포르투갈, 그리스, 스페인, 튀르키에 등 수많은 유럽 국가가 이미 파산 상태에 이르렀고 다른 국가들도 곧 궁지에 몰릴 것이다. 하지만 지나치게 우려할 필요는 없다. 다수의 국가에서 국민이 국채 배당금을 5분의 4만큼 삭감하는 방안을 큰 저항 없이 받아들였기 때문이다. 이렇게 기발하게 파산하면 균형을 잃었던 예산을 즉각 제자리로 돌려놓을 수 있다. 전쟁과 사회주의, 경제적 갈등은 우리에게 더 많은 재앙을 가져올 것이다. 모든 것이 해체되는 시대에 들어선 우리는 우리가 어찌 할 수 없는 내일을 지나치게 걱정하지 말고 하루하루를 살아가는 자세를 받아들여야 한다.

여기에는 불가피할 수밖에 없는 측면이 있다. 의원이 유권자로부터 독립성을 유지해서 가장 완벽한 형태의 의회제도를 갖추고 있기로 손꼽히는 영국조차 이런 위험을 피해갈 수 없기 때문이다. 영국의 철학자 허버트 스펜서는 이미 오래전에 자신의 저서에서 표면적인 자유를 증대하면 반드시 실질적인 자유가 축소된다는 점을 밝혔다. 그는 최근에 펴낸 저서 『개인 대 국가(The Man Versus The State)』에서 똑같은 주제를 다루며 영국 의회를 두고 이렇게 말했다.

"이 시기부터 입법은 내가 앞서 지적한 흐름을 따랐다. 순식간에 늘어난 독재적인 조치는 끊임없이 개인의 자유를 제한하려 했고, 이는 두 가지 방식으로 이루어졌다. 첫째, 이전까지 시민의 행동이 완전히 자유로웠던 분야를 제약하는 법규가 만들어져서, 시민들이 이전에는 본인 의지에 따라 하고말고를 결정했던 일을 강제적으로 수행할 수밖에 없게 되었다. 둘째, 납세자의 국세 부담, 특히 지방세가 증가하고 가처분 소득은 줄어들었는데 국가가 국민에게 징수해서 공공기관을 위해 지출하는 비중은 늘어나서, 결국 개인의 자유는 더욱 제약받았다."

개인의 자유를 차츰차츰 제약하는 현상은 모든 국가에서 특별한 형태로 나타난다. 허버트 스펜서는 이에 대해 언급하지 않았지만, 그 특별한 형태는 다음과 같다. 일반적으로 자유를 제한하는 법률이 많이 제정되면 이를 집행하기 위해 공무원 수가 늘고 그들의 권력과 영향력이 치솟는다. 따라서 공무원은 문명화된 국가의 진정한 지배자가 되어간다. 권력이 쉴 새 없이 교체되는 가운데 오직 배타적이고 폐쇄적인 행정집단만이 권력 교체의 영향을 받지 않고 면책과 비인격성, 영속을 누릴 수 있으므로 공무원의 힘은 더욱 막강해진다. 수많은 독재체제 중에서 지금까지 언급한 삼중의 형태로 드러나는 체제보다 가혹한 독재체제는 없었다.

삶의 아주 작은 행동까지도 쓸데없는 형식과 절차로 만들어버리는 제한적인 법률과 규칙이 제정되면서 시민이 자유롭게 움직일 수 있는 영역은 불가피하게 줄어들었다. 더 많은 법이 제정될수록 평등과 자유가 보장되리라는 환상에 사로잡힌 국민은 매일 점점 더 옥죄는 속박을 허용한다.

국민이 속박을 받아들일 때 피해가 없진 않다. 속박을 견디는 데 길들면 속박을 간청하게 되고 모든 자발성과 에너지를 잃는다. 그러다 보면 국민은 의지도, 저항도, 힘도 없는 텅 빈 그림자이자 수동적인 꼭두각시가 될 뿐이다.

인간은 자신 안에서 원동력을 찾지 못하면 외부에서 구할 수밖에 없다. 즉, 시민의 무관심과 무기력이 심해지면 정부의 역할은 커지기 마련이다. 개인이 더는 보여주지 않는 진취적 기상과 적극성, 경영정신을 정부가 갖추어야만 한다. 정부가 모든 일을 착수하고 이끌고 장려해야 한다. 그러다 보면 국가는 전지전능한 신이 된다. 하지만 경험을 통해 우리는 이런 신의 권력이 단 한 번도 노련하거나 지속된 적이 없다는 걸 알고 있다.

민족 안에서 국민이 자유를 누린다는 환상을 품고 있어 표면적으로는 자유로워 보여도 실제로는 모든 자유가 점차 제한된다면, 이는 정치체제와 국가가 노후한 결과라고 할 수 있다. 자유를 제한하는 조치는 쇠퇴기를 알리는 전조 증상이며, 지금까지 어떤 문명도 이 쇠퇴기를 피해가지 못했다.

과거에서 배운 교훈과 여기저기서 터져 나오는 조짐으로 판단해보면, 다수의 현대 문명이 쇠퇴기에 앞서 나타나는 완연한 노후 단계에 이르렀음을 알 수 있다. 우리는 이런 국면이 모든 민족에게 치명적이라는 사실을 안다. 역사에서 이 과정이 꾸준히 반복되는 양상을 살펴보았기 때문이다.

문명의 일반적인 진화 과정을 간략하게 정리하는 것은 어렵지 않으므로, 그 단계를 요약하면서 이 책을 마무리하고자 한다.

우리의 문명을 앞서간 문명들의 흥망성쇠의 기원을 간략하게 그려보면 어떤 모습이 나올까?

문명의 여명기에 여러 곳에서 온 소수의 사람이 이주와 침략, 정복을 거치며 우연히 한데 모였다. 혈통도 다양하고 언어와 신념도 가지각색인 그들은 절반쯤 인정하는 한 우두머리의 규칙 말고는 공통분모가 하나도 없었다. 이렇게 혼란스러운 무리에서 군중심리의 특성이 가장 뚜렷하게 나타난다. 무리는 일시적인 결집력, 영웅스러움, 무력함, 충동, 난폭함을 보여주지만 아무것도 지속되지 않는다. 그들은 야만인일 뿐이다.

그러고 나면 시간이 제 할 일을 한다. 환경이 동일하고 여러 집단이 서로 교차하는 일이 반복되면서 공동생활의 필요성이 생긴다. 그렇게 서로 다른 집단이 하나로 통합되어 민족을 형성한다. 즉, 유전으로 더욱 굳어지는 공통의 특성과 감정을 지닌 집합체를 형성하는 것이다. 이렇게 군중은 민족이 되고 이 민족은 야만에서 벗어난다.

하지만 투쟁을 끊임없이 반복하고 수없이 재개하며 오래 노력한 끝에 하나의 이상을 얻을 때만 비로소 야만에서 완전히 벗어날 수 있다. 로마제국을 향한 예찬이건, 아테네의 힘이건, 알라신의 승리건 이상의 본질은 중요하지 않다. 이상은 이제 막 움트는 민족 안에 있는 개개인 모두에게 완벽한 감정과 사상 일체를 줄 수 있으면 충분하다.

이제야 비로소 제도와 신념, 예술을 갖춘 새로운 문명이 탄생한다. 민족은 그들의 꿈을 따라 문명을 강력하고 찬란하고 위대하게 만드는 데 필요한 모든 것을 차례대로 얻는다. 물론 때때로 군중이 되기는 하지만 군중의 변덕스럽고 불안정한 특성 뒤에는 일정한 범위 이상으로 민족이 동요하지 못하도록 부여잡고 우연을 통제하는 민족정신이라는 견고한 기층이 터를 잡고 있다.

그러나 이렇게 창조의 역할을 모두 끝낸 시간은 신도 인간도 피해 갈 수 없는 파괴의 작업을 시작한다. 문명은 힘과 복잡성이 일정 수준에 도달하면 성장을 멈춘다. 그리고 성장을 멈춘 순간 쇠퇴라는 유죄 판결을 받는다. 노후의 시간이 다가왔다는 뜻이다.

문명이 결코 피해갈 수 없는 노후의 시간은 민족의 영혼을 지탱하던 이상이 희미해지면서 시작된다. 그에 따라 이상을 토대로 세워진 종교, 정치, 사회적 구조물도 죄다 흔들리기 시작한다.

이상이 점차 사라지면서 민족은 결집력과 일체성, 힘을 잃어간다. 개인은 인격과 지식을 갈고닦을 수 있지만, 집단 이기주의는 과도하게 발달한 개인 이기주의로 대체된다. 그와 동시에 민족성은 약해지고 민족의 행동 능력도 둔해진다. 민족과 단위체, 세력권을 형성했던 구조는 결국 응집력 없는 개인의 결합체가 되고, 그 집합체는 전통과 제도를 통해 잠깐 인위적으로 유지된다.

이익과 열망을 좇아 분열된 사람들은 이때부터 더 어떻게 결정해야 할지 몰라서 아주 사소한 것까지 이끌어 달라고 국가에 요구하고, 결국에 가서 국가가 절대적인 영향력을 행사하게 된다.

옛 이상을 완전히 잃은 민족은 마침내 민족정신 전체를 잃는다. 민족은 이제 다수의 외로운 개인일 뿐이다. 군중이라는 출발점으로 되돌아온 셈이다. 민족은 일관성도 없고 내일도 없는 군중의 모든 일시적 특성을 나타낸다. 문명은 더는 안정적이지 않고 모든 우연에 이리저리 휘둘린다. 천민이 왕 노릇을 하고 야만인이 앞으로 나선다. 문명은 기나긴 과거가 만들어낸 외형이 있으므로 여전히 빛이 나는 듯 보일 수 있다. 하지만 사실상 아무것도 더 지탱해주지 못해서 첫 폭풍우가 다가오면 무너질 낡아빠진 건물일 뿐이다.

꿈을 추구하며 야만에서 문명 단계로 옮겨갔다가 꿈이 힘을 잃으면 쇠퇴하기 시작해 결국 소멸하는 것이 민족이 생겼다 사라지는 순환 과정이다.